ダウン症児と
ともに生きる
芸人一家の記録

恵子が輝いた

奥野真人
okuno masato

草風館

■目　次■

目次

目　次

はじめに

私が斎藤さん一家、というより恵子ちゃん一家と出会ったのは、いまから三年前のことです。読んでいた新聞の紙面から「ダウン症の娘に輝く人生を」という見出しが目の中に飛び込んできました。記事は七段抜きで紙面の四分の一を占めており、中央にはどこかのチャリティーコンサートの際に撮影されたのであろう恵子ちゃんとお父さんが映っていました。

恵子ちゃんはダウン症の子供がもつ独特の容貌をしていますが、楽しそうに微笑むその表情はどこか弥勒菩薩を思わせる慈愛に満ちたものでした。お父さんは津軽三味線の弾き語りの名手で、東北は秋田の出身です。凛と張った厚い胸には津軽三味線がしっかりと力強く寄り添っていていい写真です。

新聞記事は、恵子ちゃん一家のこれまでの活動「風の祭典——恵子と共に」を紹介するもので、記事の最後に静岡県浜松市で公演が行われるという予定が記されていました。この手の記事は毎日のように目にしており、読むと同時に忘れてしまうということの繰り返しでしたが、なぜかこの家族のことが心から離れなくなっていたのです。その理由はお父さんのコメントにあったようです。

「ある意味では、障害児に一番、偏見を持っているのは親かもしれない。社会に遠慮することで、子供の可能性をつぶしてはいないのか……」

往々にしてこのような立場にある親御さんは「社会が悪い、行政の福祉がなっていない」となりがちですが、それが全くなく、まず親が変わらなければこれから先は一歩も前へは進まない……という姿勢に感動しました。私は浜松の公演を見に出かけました。それほど経済的にゆとりがあるわけでもないのに、東京から浜松まで新幹線に乗ってです。それも何のためらいもなく、まるで何かの力に引かれるように……。

恵子ちゃんの努める舞台にも感動しましたが、それ以上に見ている観客の目に浮かんでいる涙を目にして、ある種の不思議さを思ったのです。この人たちはこの舞台の何に心打たれて涙しているのか……。私は会場で書かれたアンケートを斎藤さんにお願いして見せていただきました。なんと、アンケートの回収率は七〇パーセントにものぼっていました。この回収率は浜松だけのことですかと尋ねると、そうではなくどこでも七、八〇パーセントは書いてくれるとのこと。この種の公演で、これだけの回収率があることは奇跡に近いといえます。

アンケートの回答内容は、申し合わせたように「感動した」「元気づけられた」「勇気がわいてきた」というもの。障害者の恵子ちゃんがあれだけがんばっているのだから、健常者としての自分はもっとがんばらなければ恥ずかしい……ということでしょう。これはこれでその気持ちもわかるのですが、はたしてそれだけでいいのか、それから先をどうするのか……、と私は自分自身に問いかけました。

恵子ちゃん一家はどのような目的で「風の祭典」をやっているのか。それも赤字をも顧みずに……。また「風の祭典」の行き着く先はどこなのか、を知ることによってその答えがおのずと出てくるのではないかと思い、私の密着取材が始まったのです。広島市で行われた「風の祭典」では準備段階から打ち上げまでの全過程に参加させていただきました。おかげさまで「写真記録担当」などという、まことに大切な任務を拝命したりと冷や汗ものではありましたが。

約一週間にわたって恵子ちゃん一家と広島のマンションで寝食を共にし、恵子ちゃん一家を肌で感じることができました。また、十数回にも及ぶインタビュー取材を、多忙にもかかわらず快くつき合っていただいた家族のみなさんに、心から感謝いたします。

この本をまとめるに際してとった方法は、インタビュー形式です。できるだけ周りからの雑音(私の中にある薄い知識)を入れることなく、家族のありのままの声を拾いたかったからです。この本で私がねらったものは……、やめておきましょう。それは愚行です。せっかくこの本を手にされたみなさんの興をさましてしまうことになりかねませんから。

お断わりしておきたいことがあります。それは「障害者」「健常者」という言葉についてですが、この本では一般的な社会通念としての「障害者」「健常者」という概念で使っています。ですから、「　」でくることもしていませんし、健常者を「普通の人」と表現している場合もあります。このような表記のしかたに反発される向きもあるとは思いますが、ご了承いただきたいと思います。

またインタビューを構成するに際しては、恵子ちゃん一家のそのままの言葉を紹介しています。

構成者としての任を立派に果たせたかどうかについては、ひとえに読まれるみなさんの評価にかかっているのですが、もしご不満があればそれは構成者の力不足にほかなりません。平にご容赦ください。


この本は大きく二つのテーマについて述べています。一つは斎藤一家を通しての「家族の絆」です。そこには昨今、語られるような「ホテル家族」「核分裂家族」というものはありません。

二つ目は「子供がちょっとおかしくなってきた」ということの原因についてです。この二つのテーマに共通していることは「親が変わらなければ子供は変わらない」ということです。

最後に、この本の出版を快く引き受けてくださった、我が国に残された数少ない「出版の良心」ともいえる草風館の社長である内川千裕氏に感謝するとともに、遠く札幌の地で難病と闘いながら、見事に九二歳の天寿を全うした母・奥野愛子の霊にこの本を捧げます。

二〇〇二年四月一五日

奥野　真人

この本の出版にあたって

私どもと奥野さんとの出逢いをお話ししたいと思います。

「風の祭典——恵子と共に」の公演が四年目を迎え、一三回目を浜松市の「アクトシティー浜松」の大ホールで開催した時でした。公演の一週間程前のことです。ちょうど彼は静岡に取材に来ており、新聞の記事を目にして「この公演をぜひ観たいので入場券を送ってください」との電話をくださったのです。そして平成十二年九月十七日の公演をわざわざ東京から浜松まで見に来てくれたのです。

公演が終了すると、楽屋に逢いに来てくれました。少し興奮気味に、幼なじみとでもいうか、昔からの知り合いのように「美恵子さん、奥野です。私が今まで目指していたのはこれです」と言って私の手を握り、人なつっこそうにひげの顔をくしゃくしゃにして私の前に現われたのです。

私はこの頃、特に強く感じていたのですが、人の出逢いは偶然をよそおって、本当は、逢うべくして会っているのではないかと。「風の祭典」の主役である恵子のあの笑顔と、心をなごませる温かい平和なやさしい風を世の中に送り出す一員としての役目をもった人たちが集まって来ているのではないかと……。

私たち家族は「風の祭典——恵子と共に」の公演を、家族が力を合わせてするのはどうしてかと話し合ったことがあります（その時の手帳から）。

○私たち家族は、天使からの贈り物の恵子を通して、人類に貢献するチャンスをいただいた。「風の祭典」を見た人は恵子の発する無言のメッセージから「憤りを起こす」。感動・感激・やる気・根性・勇気・命の尊さ・やさしさ・思いやり・愛という憤りを……。
だから、この公演を世界中の人に観ていただき、幸福になってもらう。それが恵子を授けていただき、人生の大切さは何かを教えてもらった、我々家族の感謝であり、やり続けることが、いつまでも恵子と共に生きていられることにつながるから……。

恵子がこれからも我々に与え続けてくれる愛を、世界中の人とわかち合うために！


と、平成一〇年の公演後の感想文を見て、家族の一人一人が強く胸にきざみ込みました。

奥野さんもまた、恵子の笑顔と舞台で輝く姿を見て、きっとこの憤りを起こしたのだと思います。そしていつしか仕事を離れて「風の祭典」の一員になっていました。

彼は今まで、教育とは、生きるとは、福祉とはと、多くの方の取材や生き方に接し、それなりに確信していたものがあったようです。でも、私たち家族と出逢って、自分の感じていたこと、思っていたことを、もう一度見直してみたい、もっと深く考えてみたい、と思ったようでした。そして、私どもの「家族の絆」を取材したいと申し出てくださいました。

私どもと少しでも長い時間共に過ごそうと、この三年間、私どものあるがままの生き方を、これまで見識を深めてきた彼の目で見てくれたと思います。

この本が少しでも私ども家族のありのままを知っていただき、「風の祭典――恵子と共に」の公演をご高覧いただくきっかけになれば幸いと思います。

二〇〇二年三月一五日

斎藤　美恵子

「ダウン症」とは何か

「ダウン症」とは、「ダウン症候群」という分類に属する染色体異常のことです。一八六六年にイギリス人医師のジョン・ラングダン・ダウン（一八二六～一八九六年）が、知的な遅れのある子供たちの中に共通の特徴をもつ顔をした子供たちがいることに気づき、その顔貌が蒙古人と似ているところから「蒙古病」として論文を発表しました。しかし、一九六六年に開催された学会で、人種的な蔑視、偏見につながるとしてダウン博士の名をとって「ダウン症候群」と改められたのです。

染色体の異常とは、通常ですと23対＝46本の染色体（遺伝情報を伝える組織）がありますが、ダウン症の場合には21対目の染色体が1本多くあります。これは遺伝によるものではなく、突然変異によって起こります。その原因は解明されていません。どの時代にも、どの人種にも、どの年齢層の母親からもダウン症の子供は生まれています。ですから、妊娠中の母親の行動とは全く関係ありません。

現在のところ、約一〇〇〇人の新生児に一人の確率でダウン症の子供が生まれています。ダウン症の特徴は、知的発達の遅滞を伴いますが、昔とは違って早期療育や積極的な教育などにより、成長・発達も目覚ましい子供たちも増えてきています。また、ダウン症の子供は、心臓や消化器系などに合併症をもつ場合もありますが、適切な療育と健康管理さえきちんと行えば、ほとんどの場合は克服できます。

よくダウン症の子供は短命だと言われたりしますが、現在では健常な人の平均余命とあまり差はなくなってきています。また、知能や運動機能などの発達遅滞の面でも、積極的な療育によりかなり改善されてきて、普通教育を受けたり社会で活躍するダウン症の人が多くなってきています。他の子供と比べると少し時間はかかるのも事実ですが、どの子も着実に成長します。問題なのはダウン症というものを全く知らずに誤解したり、差別や偏見をもつ社会にあります。これらがうみ出す社会的なハンディこそ、私たちがまず克服しなければならないことです。

「ダウン症候群」についての詳しい情報を得たい方は「日本ダウン症協会」に連絡するとよいでしょう。

〒一六九―〇〇七四　東京都新宿区北新宿一―一〇―七―二〇三
TEL　〇三―三三六九―三四六二
FAX　〇三―三三六九―八一八二
日～金（午前10時～午後3時）

●第1部●

家族の絆

夫婦

斎藤美恵子（柏穂藤雪）

柏穂藤雪プロフィール
名前　芸名／柏穂　藤雪（ハクホ　トウセツ）
プティー美恵子（プティーミエコ）
藤蔭　静廣（フジカゲ　シズヒロ）
本名／斎藤　美恵子（サイトウ　ミエコ）
生年月日　一九四七年一月五日生
住所　〒一二五-〇〇三一　東京都葛飾区西水元二-一五-一九
TEL　〇三-三六〇九-一四五一　FAX〇三-三六〇九-一四七七
職業　舞踊家（柏穂流家元・藤蔭流師範）
専門　洋舞・日舞・歌謡舞踊・太鼓
出身地　山梨市甲府市

私の生い立ちについて少しお話ししたいと思います。私が生まれたのは一九四七（昭和二二）年一月五日で、父・要と母・鈴子の三女（姉が二人、兄が三人、弟一人）として山梨県甲府市で生まれました。太平洋戦争が終わって二年、まだ甲府の街にも焼け跡があちらこちらに残っていた頃です。山梨には軍事関係の精密機械工場などがたくさんあったそうですから、爆撃の対象になったんでしょうね。

父は母と結婚する前に一度結婚しており、女の子が一人いました。母はちょうどお見合いの話が二つあったのですが、乳飲み子を抱えた父を選びました。母はそういう人なのです。ですから、その姉が一番上ということになります。それからもう一人、父の妹さんの子供。女の子なんですが、父親は軍人さんで両親が戦災で死んでしまい、父と母はその子を引き取って自分の子供として育てました。

一人の女性として、子を持つ親として自分が成長してみてわかったのですが、母は大変だったと思いますね。敗戦後の食糧事情の悪いときに、食べ盛りの七人の子供を育てた母のまねは私にはできないように思います。でもこの母の子育てが、いまの私の子育てにつながっているのです。人を愛し、自分を信じて人の目など気にせずに……。

父の家は戦前から紙問屋をやっていて、ボール箱などを製造していました。山梨のボール箱屋さんは、父の家から出た人が多いと聞いたことがあります。かなりの商売をしていたのでしょうね。その当時の写真を見たことがあるんですが、当時としてはまだ甲府でも珍しいコンクリート打ちの家で、近所のおばさんの話しでは大きな池もあり、丸木橋もあったそうです。工場にはトロッコが走っていたとも言っていました。

父はいわゆる「若旦那」で、着流しに雪駄なんか履いて町を歩いていたそうです。でも、父は若旦那によくありがちな「飲む・打つ・買う」という道楽は全くしない、まじめな人だったと母は言います。おしゃれが趣味だったんでしょうね。では、なぜ大きな紙問屋が傾いてしまったのか……。

一番の原因はなんといっても戦争です。すべてを焼き尽くされて私たちは母の田舎に疎開したのですが、その時に父は仏壇に山林などの権利帳などなにからなにまでを置いて、子供たち家族の命を最優先して身一つで疎開したそうです。その後、父は家族を呼びよせるためにバラックの小屋を建て、本当にゼロからの出発でした。

母のほうはといいますと、これも大地主の娘なんですが、山梨の田舎の若神子若宮という所の出です。両親が早くに亡くなってしまい、そんな中で母は甲府に奉公に出て、その給金を田舎に送っていました。ですから、母は学校もろくに出ていません。でも独学で字を覚え、私はそんな母の涙を見たことがありません。いつも大きな声で笑っている母と、悪いことをすると本当に厳しかったのですが、病気のときはいつもそばにいて看病してくれました。

でも、母はそのときの苦労を思い出して、こう言ったことがあります。「本当は田舎に帰りたかったし、学校にも行きたかった。でも、家のことを考えるとどうしてもそれはできなかった。それに前借がたくさんあったからどうしても帰ることはできなかった……」と。いま、私たちの国の七〇代、八〇代の方々は少なからずうちの母と似たような経験をされているのではないでしょうか。

●人間として守らなければならないことを教えた父

「家族は一致協力」「和の心」、これが我が家の家訓のようになっていますが、あれは私が小さいときに親から自然と教わったことをそのままやっているだけなんですよ。

私の育った家は、家族みんなで楽しみながら仕事をしていました。戦争ですべてを失う中で、全くなにもないところからの出発でした。ですから、兄たちは学校に行きながら自分のできる仕事は何でもやった。私もお小遣いをもらうためによく手伝いました。ボール箱や紙の袋に商店名や商品名などを印刷するための軽印刷機があったんですが、これは手動で一枚一枚ガチャン、ガチャンと押すもので、これをやるわけです。何枚やったらいくらと決めてありましたから、今日は何枚やったなんて帳面につけながらやっていました。いまの時代には考えられないかもしれませんが、本当に楽しい思い出です。

勉強のほうは、長男がよくできましたから教えてくれるんですが、あの頃を思い出すと本当に兄弟がみな力を合わせてやっていたとなつかしく思います。それに、母は自分たちが一生懸命に働いたお金を少しずつためておいてくれて、年に一回は必ず兄弟だけで小旅行に出してくれました。子供たちだけでの旅行ですから、いま思うと昔の若者はしっかりしていましたね。小さな私や弟をつれて兄や姉が親がわりなんですから。小旅行といっても日帰りで高尾山に行ったりというくらいのものでしたが、うれしかったですね……。

父は当時の「父親」の典型的な人でした。子供のことは母親にすべて任せるといったタイプで、あれやこれやと子育てについて口を出すことはありませんでしたが、社会人として生きていく上で最低限必要な躾についてだけは厳しかった。例えば、私が中学生（甲府市立西中学校）だった頃、父に「ミコ、これ縫っておいてくれ」とつくろい物を頼まれたことがあったのですが、私としてはほかにやっていることもあり、「後でやろう」と思っていたのですが、父はしばらくして「できたか？」と聞いてきた。当然、私はやっていません。「ごめんなさい、いますぐやります」と答えたら、「あとで、あとでは必ず忘れるものだ。その日のことはその日のうちに、『あすありと思う心の仇桜。夜明けに嵐吹かぬものかわ』と言って私をさとしてくれましたが、大きな声で叱れるより私には効果がありました。

またこんなことも教えられました。父が私を呼びました。私は手が離せず、急いで用事をすませて父のところに行きました。父は「いいか、人に呼ばれたら必ず返事をしろ。黙っていては相手に伝わらない」と。返事をしたなら「ああ、聞こえているんだな」と相手にわかるし、もしその時に手が離せないのなら「いま手が離せません」と一言いえば、相手はいくらでも待ってくれる。それを黙っていると「聞こえても無視していると思われる」と。こういうことを父は常に注意してくれました。こんな些細なことと思われるかもしれませんが、これが人間関係の中で一番基本的なルールではないでしょうか。

もう一つ父の思い出をお話しします。私が小学生（甲府市立相生小学校）のときです。「寄り道はいけない。どこかに遊びに行きたいのなら一度家に帰ってから、行き先を言ってから出かけろ」と言われていたのですが、友達と学校帰りに寄り道をして遊んでしまったのです。ついつい遊びに夢中になってしまい夕方の六時か七時くらいになってしまった。そこに姉がきて「お父さんが心配しているよ。早く帰ろう」と。姉は私を探していろいろな場所を探し回っていたようですが、私にしてみれば姉のことよりも父のことがまず頭に浮かんできて「家に帰るのはいや。帰ると叱られるから……」と泣き顔です。姉は「大丈夫、お姉ちゃんがちゃんと言ってあげるから心配しないでいいよ」と言ってはくれるのですが、本当にそのときは怖かった。家におっかなびっくり帰ると父はニコニコしながら言いました。「どれだけミコのことをみんなが心配していたかわかるか。どうして電話をしなかったんだ。そういうときは電話を一本すればいいんだよ。これからはいつも胸に着けている名札の裏側に一〇円玉を一つ入れておきなさい」と。これはギャアギャア怒られるより私の胸にグサッときましたね（笑い）。

母のことでよく覚えている子育て法？というか教えのようなものは、なにせ「兄弟仲良く」ということです。母は奉公にいってがんばった人ですから芯はものすごく強い。よく兄たちの小さい頃の田舎の疎開の時の話をしてくれましたが、兄たちが悪さをすると追いかけ回して成敗をするんです（笑い）。特に次男はやんちゃ坊主でしたから母の好敵手でした。悪さをした次男をひっつかまえては柱にくくりつけたり、「あの山の木に結わえてやる。あの山は夜になると狼が出てくるんだ」なんてやったようです。私も縛られました。女の子なのにね（笑い）。

それに母の得意な話の一つに「三本の矢」があります。「矢というものは一本では折れることもあるが、三本まとまると折れない。これは家族も同じだよ。一人だと大変なことでもみんなまとまれば大変じゃない。だから兄弟はみな協力し合って一つにならなければいけないの」と、寝物語に何回も聞かされたものです。これはご存知のように戦国の武将である毛利元就の言葉を母が拝借したものですけれどね（笑い）。この教えは、ずっと私の心に残っています。小さいながら毎晩、私は兄たちの小さいときの話を聞くのが楽しかったのを覚えています。

●両親は「勉強しろ」と言ったことがない

うちの両親は打ち合わせていたわけでもないのに、そろって「勉強しろ」とは言いませんでしたね。口にするのは、「健康に気をつけなさい」という身体のことばかり。試験が近いので夜勉強していますと、一〇時になると母が電気を消しにやってくるんです。「いま試験勉強で大変なんだから、もう少し勉強する」と言っても、「勉強も大事かもしれないけど、体のほうがもっと大事だよ。病気になったら終わりだよ」と電気を消してしまう。いまの親御さんなら考えられないことですよね。しかたがないので朝早くに起きて勉強しましたよ。

私は両親に頼んだことがあります。「もう少し勉強しろって言ってほしい。そしたらもっと勉強をし成績も良くなる」って。すると父は「そんなこと言わなくてもミコは充分にやっているから言う必要はない」。うちの両親の教育はこういうやり方なんですね。そんな家庭環境でしたから私もそれほどむきになって勉強はしませんでしたが、ただ一度だけ数学の成績で赤点をとり、父が学校に呼ばれたことがありました。帰ってきた父を見て「これは怒られるな……」と覚悟は決めていたのですが、父は「ミコ、先生に言っておいたぞ。うちの子は馬鹿じゃないから心配いりません。やればできます。次を見ていてください」と言ってきたそうです。これで次も赤点とったら父の顔に泥を塗ることになりますから、私なりに勉強しましたよ。私が親になり、子育てをするときいつも自分の小さい頃の両親を思い出し、こんなときどうするだろうと考えながら答えを出しましたから、私がいまのように人前で話せるようになれたのも父の一言が私に勇気を与えてくれたのです。

小学校の高学年の頃からずっと学校から帰ったら父の部屋に「ただいま」とあいさつに行くのですが、父はニコニコして手まねきします。私は小さいときから父の話し相手でした。難しい話などはわかりませんでしたが、足がしびれつらかったのを覚えています。でも中学生のとき、父の話で納得のいかないところがあり、おそるおそる「言葉を返すようですが、私はこう思います」と言ったとき、あのこわい父がニッコリして「ミコも大人になったな。自分の意見が言えるようになったんだ」と。この一言が私を変えました。礼を尽くし、言葉を尽くしたなら、自分の意見を言ってもいいんだってね。小さいときを振り返り、そういう意味においては、うちの両親は子育て上手だったような気がしますね。

●兄弟の中で私と弟だけが大学へ

長男は勉強がよくできましたし、スポーツも得意でした。いわゆる文武両道に秀でていました。特に野球がうまくて、中学時代から新聞にその記事が載ったくらいです。高校は山梨県でも有名な進学校である甲府一高へ進んだのですが、当然、野球部に入ったものの、すぐに退部しました。その理由は、家の仕事を手伝わなければならなかったからです。野球部に入るとどうしても練習で家に帰るのが遅くなってしまうんです。長男が高校受験のときに次男が「お兄ちゃんは俺と違って頭がいいから普通高校へ行ってくれ。俺は夜間高校に行ってうちの仕事を手伝うから」と言ったそうです。当時の私はそんな兄たちの苦労も知らずにぬくぬくと育ってきたようです。

私は山梨県立甲府第二高校へ進みました。この学校は団体徒手体操（いまの新体操）が強くて、いつも全国大会に出場して東京の藤村女子高校と一、二を争っていました。私は高校に入るまで徒手体操なんて全く知りませんでした。入学してクラブを決めるとき、たまたま私の仲のいい友達がやっていて「やってみない。おもしろいよ」と誘ってくれたんです。何の部活動に入ろうかと考えていた私は「やってみようか」ということで徒手体操部に入りました。これがその後の私

▲母・鈴子と美恵子

の人生の柱になるとは。出会いって大切ですね。

私は一度決めて始めたことは、けっこうがんばるたちなんです。練習は人の倍くらいやりました。みな中学の頃から体操をしている人たちばかりで、手足も柔らかく足もピーンとあがり上手でした。私は体操などしたこともありませんから身体もかたく、マット運動も足も開かずつらかった。先輩に足を開いた背中にのられてグッ、グッとおされると足がちぎれそうでしたよ。それでも一人大きな体育館に残り遅くまで練習しましたね。何度やってもたおれて……。でも片足づりが出来たときは本当にうれしかったです。おかげで全国大会にも出ることができたんですが、その大会を見ていた伊沢エイ先生が「あの子をうちの大学によこしなさい」と声をかけてくれました。伊沢先生は東京女子体育大学の創始者である藤村とよ先生の娘さんです。当時すでにかなりのご高齢でしたが、大会にいらしては全国から集まる選手の中から優秀な生徒をスカウトしていらしたようです。

私はこのことを恩師である須藤照子先生から聞きました。須藤先生も東京女子体育大学のご出身（当時は音楽体育大学）でダンスを専攻なさっていました。この須藤先生が二高の徒手体操部の指導をされていたのです。先生は「大学へ行きなさい。あなたなら立派にやれるわ」と言ってくださいましたが、問題が一つありました。それは父です。私の父は「教師」という職業をなぜかあまりよく思っていなかった。世の中のなんの苦労も知らず先生として上に立つので、人としての勉強不足になると思っていたようです。ですから、大学の話になると「大学へ行くのなら家政大学へ行け。教師にだけはなるな」と言っていましたので。

そこで須藤先生は早速、父に会ってくれました。先生に会って帰ってきた父は「俺は教師は嫌いだが、あの須藤先生はすばらしい先生だ」とだけ言って、東京女子体育大学への進学を認めてくれました。須藤先生と父との間でどのような会話があったのかはわかりませんが、私の想像するところでは父は須藤先生の「教師としての情熱」、真剣に誠意をもってぶち当たってくださった先生の人間性に心をうたれたのでしょう。

●兄たちが支えてくれた大学生活

大学生活は楽しかったですね。楽しかったといっても遊び回って楽しかったということではありません。私の場合は親兄弟が一生懸命に働いて仕送りをしてくれているわけですから、それを生かさなければならないという思いでいっぱいだったことと、父は必要以上の仕送りをくれるのですが、ほかの友達はアルバイトをしたりして大学生活を送っているのを見て、私はアルバイトはしませんでしたが無駄なお金を使わないようにしました。ですから仕送りしてくれるお金を節約して使い、あとは貯金しました。大学を卒業したときにまとめて兄に渡しました。そうしなければ申し訳ないという気持ちが自分の中にあったからです。兄だって大学へ進んで好きな勉強をしたかったでしょうに……。

私の大学生活の中で一番充実していたことは、須藤先生と一緒に「山梨県の新体操の技術をアップする」ということで、先生と山梨県の中学校を歩き回ったことです。いま考えると先生の発展的な考えと行動力はすばらしいと思います。若年の私は充実した日々を経験させていただき、現在の教室経営の元になっていると思います。大学での休みはすべてこれに注ぎ込みました。なぜ中学校を回ったかといいますと、高校のレベルをあげるにはまず中学生の時期に基本的なことを身につける必要があったからです。いまでは中学生ではもう遅く、小学校低学年や幼児期から新体操を始めていますね。やはりこういうことはできるだけ心身の柔軟なうちに始めるのが大切なんです。

●自分の「教室」をもちたい

大学を卒業するときに「大学に残らないか」とありがたいお誘いをいただきました。私は須藤先生にこの話はお断りしたい旨を告げますと、「せっかく何百人という中から白羽の矢を立ててもらったのにおしい。お母ちゃんのおっぱいが恋しくなったのかい?」とひやかされましたが、私は先生に言いました。「私は日本一のチームを教えるよりも、何にも知らない無垢な生徒たちを教えたいのです」と。これは本心からそう思っていました。山梨の田舎の中学を回って生徒に接したときに心の中ですでに決めていたことだろうと思います。

私は山梨に帰りました。山梨で体育の教師になりたいと勝手に決めていたのですが、その年の採用枠に女子の採用はなかった。それで私の母校である二高にある高体連（高校体育連盟）に一年間の短期という条件で入ることができました。その後は山梨大学の附属中学校で半年間くらい教えたりと、いわゆる「時間講師」をいろいろな学校でやりましたが、自分で「教室」をつくろうと思い始めたのです。私はどちらかというと敷かれたレールの上を走るより、未知の世界で自分を試すのが好きなんです。人のやらないことをしてみたい、自分しか出来ないことをしてみたい。世間知らずといえばそれまでですが、自分でつくり出すのが好きなのでしょうね。でもあまり無理なことは考えませんでした。人がやっていない教室づくりを考え、新体操という枠をもう少し広げ、ダンスというものをもっと取り入れてみようと思いました。まだジャズダンスが流行する一〇年くらい前のことです。

たまたま大学時代の後輩にゴーゴーという当時はやっていた踊りの上手な子がいて、その友達についてゴーゴーを習いましたよ(笑い)。ゴーゴーをマスターした時点で、その踊りに新体操の要素を取り入れ、自分だけの踊りを創作しました。ジャズダンスが流行する一〇年前、この「教室」を静岡県の浜松市で始めました。なぜ浜松でかと言いますと、私は浜松の男性と結婚したからです。そして二年後に発表会をしたのですが、浜松の人たちはびっくりしてましたよ。それまでのダンス教室はモダンダンスが中心でしたから……。

私の「教室」は浜松市の中心地にあり、松菱デパートの棒屋さんから依頼を受け、カルチャースクールの一つとしてもスタートしました。「教室」も徐々に大きくなっていく中で、もっと教える中身の幅を広げてみたいと思うようになり、三〇歳にして日本舞踊を習い始めました。

もともと日本舞踊には興味があり、いつかやってみたいと思ってはいました。というのも、山梨の家の近くに芸者さんが住んでいていつも三味線や小唄などの稽古音がしていました。それを聞いていて「私も踊りを習いたい」と心の中で思っていましたが、その頃の私にはまだ自分の意思・考えを伝えるという自分というものが確立していませんでしたので、とても口にすることはできませんでした。やっと三〇歳になってそれがかなうのです。ワクワクしましたね。

はじめは浜松の先生の所へ習いに行ったのですが、踊りに感動がない。なにかお人形さんがただ決められた通りに踊っているという感じなんです。私は踊りは「自己を表現」することだと考えていますから、そこには生きるものの喜怒哀楽が表現されていなければ踊る意味がないと思うのです。それで東京の藤蔭流家元の藤蔭静枝先生の弟子にさせていただきました。

私はこれまでの歩んできた道程を先生に話しました。そしてお願いしたのです。浜松から新幹線で月に四回通うのは、新幹線代だけでも大変な金額になりますので、「先生、月四回の内容を月一回で教えてはいただけないでしょうか。決して四回いらっしゃるお弟子さんに負けないように努力しますから……」と。それから藤蔭流日舞の師範になるまで約一〇年間かかりました。その間に離婚があり、再婚があり、恵子が授かりと、長いようでもあり短いようでもあったように思います。これが私の生い立ちのあらましです。

斎藤廣美（本城勝真）

本城勝真プロフィール
名前　芸名／本城　勝真（ホンジョウ　カツマサ）
本名／斎藤　廣美（サイトウ　ヒロミ）
生年月日　一九四九年五月二九日生
住所　〒一二五‐〇〇三一　東京都葛飾区西水元二‐一五‐一九
TEL　〇三‐三六〇九‐一四五一　FAX〇三‐三六〇九‐一四七七
職業　民謡歌手（東芝EMIレコード所属）
民謡本城流家元　津軽三味線演奏家
専門　民謡（東北民謡）・津軽三味線・尺八・太鼓
出身地　秋田県本荘市

私は一九四九（昭和二四）年五月二九日、次男（兄、妹、弟）として秋田県本荘市で生まれました。まあ、一言で私の生い立ちを語れば、貧しかった……の一言につきますね。

親父は体が弱く年中風邪をひいた状態で肺気腫で亡くなりました。親父は戦前から洋服の仕立て屋をやっていたんです。かなり腕のいい職人で、人も使っていました。ところが戦争が始まり、さらには敗戦です。もう周りの人たちも洋服どころの話じゃない。その日の食べ物を手に入れるのに精いっぱいになってしまいました。

●生きることに精いっぱいだった

戦後の混乱もひと息ついて「戦後復興」を旗印に景気もよくなり始め、周りの人たちもそろそろ洋服などにも気を使いだした。さあ、これから少しはよくなるか……なんて思っていた矢先に「既製服」というのが登場してきた。大量生産するから値段も安い。これがある意味ではトドメになったと思います。

いま五〇代後半から上の人たちはみなさん経験があると思うのですが、いわゆる「鉄屑拾い」。よくやりました。釘だとか鉄片、銅線、空き瓶なんかを拾って屑屋さんにもっていって買ってもらうんです。この中で銅線は「アカ」といって一番高く買ってもらえた。あの頃の子供たちは遊びの中に食べ物を手に入れるという「生きる」術が入っていた。磁石にひもをつけて引っ張って遊んだり、そのへんになっている木の実や植物のどれが食べられてどれが食べられないかなんて、学校で教えられなくても子供たちはみな知っていた。

文部省……いまは文部科学省っていうらしいけど、それが言うには「子供に生きる力がなくなっている」と。そりゃそうですよ。生まれたときから周りに何でもあるんですから。「生きる」ための努力とか智恵なんて身につくわけがない。だから物を大切にするなんて気持ちもないし、周りにいる人間すら「物」だと思っているような若者が多くなっていると思う。だから簡単に人を傷つけたり殺したりできるんでしょうね。

話がちょっと横道にそれてしまいました。というわけで、私たちも生きるために必死でしたね。小学校五年、六年と新聞配達をしましたし、中学校に入ってからは牛乳配達をやりました。この両方の仕事とも朝が早い。夏なんかは昇ってくる朝日なんか見ているとすがすがしい気持ちになって、「今日一日がんばるぞ！」なんて元気も出てくるんですが、冬の吹雪のときなどは元気が出るなんて生ちょろいことを考えるすきもない。手はかじかんで痛くなってくるし、冷気が鼻の穴から入ってきて頭がツーンとはってくる。まあ、これは経験した者でなければわからないでしょうけど。

そんな中で私が一番いやだったのは米を買いに行くときでしたね……。よその家は一斗とか二斗というようにまとめて米を買う。ところがうちの場合は金がないから一升とか二升のわずかな米しか一回に買えない。この役目を私がやらされていました。米屋の前で小さな声でブツブツと言うわけですよ。すると米屋の母さんもなれたものでサッと入れてくれる。いまにして思えば、そんなにいやな思いを子供にさせていた親もつらかっただろうな～と思うと、なにかわびしくなってきますね……。

まあ、そんなわけで、私は小学校（現・本荘市立鶴舞小学校）、中学校（本荘市立南中学校）と進み、自分で言うのもなんですが、成績は中の上だったんです。でも将来のための勉強よりも今日の生活だったんです。ですから高校も全日制は初めから考えていませんでしたから、秋田県立秋田工業高校の定時制（夜間部）に進みました。

昼は工場や菓子問屋、映画館などで働きながら四年間高校へ通っていました。兄も同じく夜間高校へ行ったんですが、家の事情を考えると授業料を出してくれなんて言えませんでしたからね。ですから自給自足ですよ。下宿すると金がかかるので、会社の寮に入ったのです。

話は変わりますが、私は筋の通らないことが一番きらいで、どちらかと言えば「正義の味方」でしたから（笑い）中学時代にもこの正義漢的なところが買われて応援団長をやらされていましたし、高校にきてからも応援団長をやっていました。私は「弱い者いじめ」をする奴がいやでいやでしかたがなかった。そういう奴を見るとすぐ腹が立ち何か言いたくなる。まあ、かっこのいい硬派といったところですね（笑い）。

●音楽が心をいやしてくれた……

小学校の頃から音楽は好きでしたね。ほかの勉強はまあそこそこでしたが、体育と音楽だけはいつも5でした。ＮＨＫのラジオで歌番組は必ずかぶりつきで聞いていました。これは小さいときから音楽というものが周りにあったからだと思います。まあ、音楽的環境なんてかっこのいいものではないのですが、お袋はいつも民謡をうたっていましたし、親父は「旅行けば〜　駿河の国に茶の香り」なんて浪曲をうなっていましたから。二人ともそれが非常に上手で声に味があり、酒を飲むといつも口ずさんでいましたね。これは秋田県人に共通することですね。沖縄なんかも同じだと思います。貧しいがゆえにちょっとした金のかからない楽しみをつくり出す。民謡は三味線がなくても楽しめましたし。

高校を卒業した私は東京の東洋建設という建設会社に就職しました。この会社は船に乗っていろいろな仕事をできると聞いていたので、決まったときはうれしかった。私がうまれた家のすぐ裏が波止場で、いつも川と海をながめて育っていましたから将来は歌手がダメなら船乗りになりたい……なんて考えていましたからね。ところが実際に働いてみると、船に乗って仕事をするのはまちがいないんですが、全く動かない船、「浚渫船」（港内などに停泊したまま工事をする船）だったんです（笑い）。まあ、無知というか、自分自身が悲しくなりましたよ。

その頃の楽しみといえば、横浜に住んでいる親父の妹、つまり叔母の家に遊びに行くことでした。いろいろと話しをするうちに叔母さんの娘が民謡教室に通っているという話になりました。私も民謡はよくうたっていましたので叔母に教室の話を聞きました。すると叔母は「今度の休みのときに一緒に行ってみる？」と。この一言が、それからの私の人生を大きく変えていくとは想像すらしませんでした。

その民謡教室を開いていたのは佐藤善郎さんという方で、民謡界では名の知れた先生でした。先生は黙って聴いている私に「一つうたってみるかい？」と冗談半分で言われた……と思うのです。私は秋田の民謡を三曲くらいうたったと思います。先生は伴奏をしてくれました。「それではありがとうございました」とあいさつをして叔母の家に帰ったのですが、次の朝に先生のお弟子さんの一人が叔母の家を訪ねてきて、「先生が内弟子にならないかとおっしゃっています」と。

これを青天の霹靂と言うのでしょうね。早速、叔母さんに相談しました。叔母さんは「あんたは歌も好きだし、いいチャンスかもしれないよ。やってみたら」と言ってはくれるんですが、ただ趣味でやるんでしたら問題はないんですが、それで飯を食べていくとなると話は別です。しかし、私の頭の中にはすでにスポットライトを満身にあびて、さっそうと民謡をうたいあげている自分の姿しかありません。それに浚渫船にも絶望していたこともあり、「よし、一つやってみるか」となった。それで一万馬力の浚渫船とおさらばしたわけです。

●ドサ回りで芸能界の厳しさを知る

佐藤先生に弟子入りしたのは一九歳です。ほかのお弟子さんの何倍も稽古しましたね。普通の場合、内弟子というと先生の家に住み込んで掃除をしたり、買い物を手伝ったりと家事一般の手助けなどをしながら先生の教えを受けて一本立ちできるまでになるんですが、私の場合は内弟子といっても名ばかりで、近所にあったガソリンスタンドに住み込みで働きながらの内弟子です。これは余談ですが、このガソリンスタンドの名が「秋田屋」というんですが、御主人が秋田出身で住込みでお世話になりました。

ガソリンスタンドというのはけっこう広い敷地の真ん中に建っていますし、建物も鉄筋コンクリートです。どんな大きな音を出しても周りに迷惑をかけることがない。これはよかったですね。先生から習ってきた難しい手さばきを朝の三時、四時まで稽古できたんですから。朝の三時、四時までの稽古は毎日のようにやってました。歌が好きだからというよりも、これで飯を食っていかなければならないわけですから、必死にやりましたよ。

一年半は先生がもっている稽古場を先生について回りました。それでも昼はガソリンスタンドで働き、夜に先生のお供をするわけです。いまにして思えばよく身体がもったな……という感じです。新宿、高田馬場、中野と稽古場から帰ってくると先生の肩を二〇分くらいマッサージする。これが毎日続いていたんですから……。

私は二一歳になっていました。次は地方巡業です。東伊豆にある温泉地で一年半くらい働きました。熱海、熱川、大川、北川、片瀬、日田、稲取、伊東、下田とね。そこの旅館やホテルで民謡ショーをやる。この頃の給料が月に三万です。当時のサラリーマンの月収の半分以下ですよ。寝る場所と食事は与えてくれるのですが、食事などはひどかったですね。味噌汁とたくあんだけのこともあった。これでは身体もまいってしまうと思いおかずを自分で買うんですけど、温泉地というのは物価が高い。三万くらいの給料はアッという間になくなってしまう。

いま思い返せばかなりのことをやっていたんだな……と思うけど、その頃はあまりつらいとかひどいとは思わなかったですね。この頃、一番つらいと感じたことは人間関係と金ですね。民謡ショーをやるのは私一人ではなく、踊り子、尺八との組み合わせでやるんですが、この人たちが次から次へと辞めてしまう。そして次から次へと新しい人が送られてくる。この事務的なマネージャー業務を全部私がやらされるんです。たまったもんじゃない。さらに先生から「東京に稽古にこい」でしょ。食事のおかずを買うのにヒーヒーしているのに、高い新幹線代を自分で出して東京まで行けるわけがないんですよ。

当時は民謡が国民の間で人気がありましたから、特に浅草の吉原には民謡酒場が多く、民謡会館「七五三」なんてのもあった。私は先生に話しをして東京に戻ることになった。茨城の藤代町にあった民謡会館「寿」で仕事をしてから東京・浅草の吉原にある民謡酒場「らんまん」のお世話になりました。この頃は楽しかったね。自分と似たような境遇の仲間がたくさんいるんですよ。その仲間たちといつも「スターになろうぜ」なんてやっていた。まだ怖いもの知らずって感じで「一人じゃ何もできないかもしれないが、俺たち六人がまとまれば絶対にうまくいく」なんて調子で、グループをつくりました。口の達者な奴を司会にして歌い手が四人、三味線が一人の「スナックファイター」を六人で始め、民謡酒場が終わってから連日満員御礼の大盛況でした。主にキャバレーなどの仕事が多かったのですが、グループの仲間の田舎に錦の御旗をかかげるというか、そ

▲津軽三味線で熱演する廣美

れぞれの出身地に出かけていって市民会館などで民謡ショーをやりましたよ。儲けは全くなかったけどね（笑い）。

そんなこんなでがんばっているときに、栃木県の足利市のお客様から「足利で民謡教室をやってくれないか」という話があった。これはいい転機になるかもしれないと思い、引き受けたんです。生徒さんも増えてきて生活も安定してきました。そこで民謡教室を東京の堀切や亀戸、茨城県の牛久市、静岡県の浜松市や静岡市と広げていきました。

おかげさまで、その後は順風満帆とまではいきませんが何とか好きな津軽三味線を抱えながら現在に至っています。

出会いと結婚

●二人の出会い

美恵子　離婚したことによって、たくさんの方々にご迷惑をおかけしたと思います。特に浜松の松菱デパートの社長さんにはご迷惑をおかけしたと思います。夫の家が大きな工場経営ということはお話ししましたが、この会社が松菱さんと取り引きをしていましたから、私が「ダンス教室」を松菱さんの中で続けるということはなかなかできることではありません。さらに地方都市という古い体質をもった環境ですからそのことを一番に考えました。

私は離婚に至る経過を部長さんにお話ししました。そして自分が身を引く旨をお話ししましたら部長さんはジーッと聞いていて、「あなたの御主人とあなたのやっている教室とは全く関係はない。私があなたの力量を認めてこちらから頼んでいるんだ。続けてください」とおっしゃってくれたのです。うれしかったですね……。小さな子供をかかえて山梨に帰った私が仕事を失い、経済的に苦しく「もう生活できない」と思っていたときでしたから、神の助けと思いましたよ。

その頃、たまたま日中国交正常化一〇周年ということで、TBSが企画して中国で記念公演をするという話がありました。歌手の天地総子さんと岩手県の子供コーラスが現地へ行って中国人たちと交流するというものでした。その中で日本の踊りも披露しようということになり、私が選ばれたのです。TBSで打ち合わせをしているときに担当ディレクターが「日本の民謡も紹介したいのですが、誰かご存知の方はいませんか?」と聞かれました。そこですぐ頭に浮かんだのが本城勝真(本名は斎藤廣美)さんでした。

私が本城さんを知ったきっかけは、浜松の教室で民謡を教えていた本城さんのお弟子さんが「先生を田舎の教室でなく、町中の教室で広く多くの方々に知ってもらいたい。津軽三味線の弾き語りをやる本城勝真、この先生はNHKの邦楽オーディションに合格したり、東芝EMIからレコードも出している一流の民謡歌手だ」と言って来ました。そのことがきっかけで本城さんにお会いしたのが私たちの出会いです。

そして私が浜松で教室を開いているカルチャー教室の一環として、津軽三味線、民謡の教室の講師としてお願いしていたことがあり、TBS側も「予算も決められていますから歌手に三味線弾きと何人もの方にお願いすることはちょっと無理と考えていたのですが、本城さんなら一人で弾き語りをやれるので、この線でいきましょう」となり、早速、本城さんにTBSに来てもらって録音をしました。このテープを中国にもっていって、それに合わせて私たちが踊ったのですが、これが本城さんとの再会でした。

●親子三人の生活のスタート

美恵子　私は離婚するとき、夫と話し合って、三人の子供は絶対に私がひきとり、女の手一つで立派に育てようと決めました。子供を連れて山梨の実家に帰りました。ところが主人（前夫）が追ってきて「帰ってきてほしい」と泣きながら言うんです。私はきっぱりと断りましたが、主人は納得しません。何もわからない子供の前で泣くわけですから、泣いている人をかわいそうと子供は思ってしまいます。

けっきょく恵《めぐみ》（長女）は主人のいる浜松で二〇歳まで暮らすことになるのですが、恵がうちに戻ってきて一緒に住むようになってから聞いたことがあるんです。「あのとき、どうしておまえだけ浜松へ行ったの？」と。すると恵は「……私が帰ればみんな帰ると思ったから……」と。子供の恵には大人の苦しみや心はわかるはずがありません。子供心にそう思ったのでしょうね。裁判所の先生も「美恵子さん、子供は自分の意思で帰ってくることができるから」となぐさめてくださいました。そして私たち三人は、甲府市内にアパートを借り、私と子供二人の生活が始まりました。母が時々訪ねてきてくれて子供のめんどうを見てくれていました。私は仕事で浜松へ行ったり、忙しい日々を送っていて留守がちです。でも、夜中に家に帰ってくるとふとんはちゃんと敷いてあるし、お風呂までわいているんです。それも新しいお湯です。

ふとんのこともお風呂のことも、母が私のがんばって生きる姿を子供の心に思いやりという愛情をもつように話して育ててくれたのです。子供なりに私が大変だろうと思いやってくれていたんです。私は子供に「まあ、これみんなやってくれたの、うれしい。ありがとう」と言いますと、子供たちは誇らし気に顔を輝かせていたものです。

私はいつの日か、恵が必ずうちに帰ってくると信じていましたし、もし帰ってこなくても私が連れに行くと決めていました。最初から子供は手ばなしたくない、子供を守るためにすべてを捨てたのですから。そして恵が高校生になったときを逃してはと思い、心を鬼にして、恵にどちらを選ぶかを迫りました。どっちつかずの生活は恵にとって良い結果にはならないからです。

おじいちゃんは「心配するな。恵はうちから立派に嫁に出すから。もしお母さんに会いたいのなら行ったり来たりすればいいよ」と。本当の恵の幸福を考えたなら、こんなどっちつかずの生き方をさせるだろうか。ここでも私との生き方の違いをみたので、「おじいちゃん、それはおじいちゃんが生きていればの話で、もし途中で何かあったら恵はどうなるんです？　放り出されるわけでしょ。そんな無責任なことじゃ困ります。どうしても恵を放さないというんでしたら、いまのうちに財産分与をきちんとしておいてください」と言いました。

私としてみればお金が欲しくて言ったことではないんです。心が不安定な恵に、その場しのぎの甘い言葉はよくないからです。それくらいの覚悟をしてほしかったんですよ。恵の一生がかかっているんですから。返事はありませんでした。これを機に流れた私の評判は「あいつはいつも金、金、金だ！」というもの。この話し合いの席に恵も居ましたから、恵自身も自分の生きる道を自分で決めなければと気がついたと思います。恵がうちに戻ってきたのは二〇歳のときです。「おかえりなさい」。やっと三人の子供が一緒になれたのです。

恵が帰ってくるときに私は光司《こうじ》と弓子《ゆみこ》に言いました。「いいかい。人間というものは住み慣れた所が一番いいに決まっている。でも恵はうちに帰ってくることになった。そして新しい生活を始めようとしているんだよ。いくら家族だ兄弟だと言っても、一〇年間も別々に暮らしていたら他人と同じになってしまう。でも恵はがんばろうとしている。おまえたちも大変だろうけど、恵はもっと大変なんだよ。だから恵の倍も気をつかってあげようね」と。

話が恵のことになってしまい、月日の流れが急に速くなってしまったようです。ここで親子三人の生活時代に少し戻ってみたいと思います。

こんなことがありました。親子三人で朝ご飯を食べているときのことです。光司が六歳、弓子が二歳半、私はご飯を食べている二人の子を見ていました。

すると突然、弓子が「お腹痛くなっちゃった」と言い出したのです。「大丈夫？　お腹が痛いのなら無理して食べなくてもいいよ」と弓子の様子を見ていまた。ところが、どうも苦しそうな顔もしていませんし、ただ私の顔ばかり見ている。何か変なんです。すると弓子が「お母さんはご飯食べないの？」と聞いてきました。……この一言でピンッときました。この子はお金がなくて私の食べるご飯がないのだ……と思ったようです。私は弓子に聞きました。「弓子は本当はお腹痛いんじゃなくて、お母さんが食べるご飯がないと思ったんだ?」と。弓子は「うん」と小さな頭をコクンとさせました。お金がなくて私が食べなかったのではなく、胸がいっぱいだっただけだったのです。大きな家をなくし、これから先、私一人の力でこの二人の子供を幸福にしてやれるのか、と不安になっていたからです。「弓子、心配しなくていいのよ。ご飯はこんなにあるんだから」とお釜の中のご飯を見せました。

こんなに小さいのに親の姿を見ていて、急に環境も変わり、生活も当然いままでとは全く違うわけですから、お金がないと思ったのでしょうね。「弓子はやさしい子だね。食べていいんだよ」。弓子は食べ始めました。

そして感じました。このときの私の学びは「ものの大切さ」「お金の大切さ」を子供に教えるのは「お金があるとき」がいいと思ったのです。お金がないときにこれをやると逆効果になってしまうおそれがあります。ですからお金がないときは菓子作戦で豊かな心をもたせてやりました。お金がないときはお菓子を箱ごと大量に買い、子供たちに与えて計画的に食べてもらうのです。あのとき「うちにはお金がないからお菓子も買えない」と言っていたなら、子供たちの心が萎縮してしまったと思います。お金がないときこそ子供にひもじい思いをさせてはいけないと感じました。お金のあるときなら親にも余裕がありますから、ものの大切さやお金の大切さを時間をかけて教えることができますから。

廣美　私の美恵子への第一印象は初めは生意気な奴、次はしっかりした奴、そしてちょっといい

▲神様からの贈りもの「恵子」を囲んで。斎藤夫妻と弓子

女って感じで、最後は俺が彼女を幸せにしないで誰がするってところかな(笑い)。でもお袋さんには正直なところ驚きましたね。普通あそこまで言いませんよね。私にこう言ったんですよ。「あれだけの女性はいない。それにあんなに素直な子供たちの親になれるのは幸福者だ」とね。後で女房にこのことを言ったら「エッ！　私には自分の子じゃない二人の子を我が子として育ててくれるのは神様だ。大事にしなければバチがあたる」と言ったとのことでした。ものすごい母親ですね。

お袋さんも言っていた通り、本当にいい子たちなんです。一緒になって暮らし始めてもその日から何の違和感もなかった。もともと私は子供が好きで、秋田でも近所の年下の子供たちを集めてめんどうみてましたからね。一緒に暮らし始めてまず驚いたことは、玄関に置いてある履き物がいつもきちんとそろえられていることでしたね。初めは女房がやっているのかなと思っていたんですけど、女房が出かけているときでもそうなっている。子供たちがやっていたんですよ。これは履き物だけのことではなくて食器洗いから洗たくもののほし方からたたみ方まで、あらゆることの躾が見事にできている。これを教えたのは女房とお袋さんなんですね。本当にすごいと思いました。それに、相手を気づかうという心があるんです。心の優しい子供たちです。

美恵子　私としては子供たちが主人になついてくれなければ困りますから、できるだけ子供たちが主人のほうを向くように気をつかいました。主人が言っていないことでも「お父さんがこう言ってたよ」とか「お父さんがすごくほめていたよ」「お父さんが喜んでいたよ」と機会あるごとに子供に話していましたよ。口裏を合わせなければならないようなことは「子供にこう言ってあるからよろしく」と、常にやってました。子供にしてみれば、「お父さんはちゃんと私たちのこと見ているんだ」と思いますからね。

私たち夫婦は子育てを連携プレーでやってきています。私たちが願うのは、勉強の点数を何点とったではなく、人のことを思いやれる、人に迷惑をかけない、何か世の中のためになることをやれるような人間になってほしいということだけです。あとは子供が自分で決めた道を精いっぱい生きていけばいい。そこまでが親の子供に対する「責任」だと考えています。

●第2部●

家族の絆 兄と姉たち

斎藤　恵《めぐみ》（柏穂藤月）長女

私は一九七二（昭和四七）年三月二六日、静岡県浜松市で長女として生まれました。父は工場をやっていましたし、母はダンス教室を経営していましたから経済的には裕福な環境の中で育ってきました。それに、父の祖父や祖母も私のことをかわいがってくれましたので、小学校三年生までは全く何の不自由もなくスクスクと育ってきたと思います。

小学三年の暮れも押しせまった一二月三〇日くらいだったと思うのですが、母が突然、私たち妹弟三人を連れて山梨の実家に帰ったんです。私にしてみれば「お正月に山梨のおばあちゃんの家で過ごすんだな」くらいの軽い気持ちでルンルン気分で新幹線に乗ったんです。

そこへお正月の三日目に浜松から父がきたんです。そして、大人たちが集まって何かを話し合っている。でも、様子が少しおかしいんです。父は時たま廊下に出て泣いていたり、トイレに入って泣いたりしている。話の中身はわかりませんが、「あ～、お父さんとお母さんと別れるんだ……」と思いました。だいぶ長い時間をかけて話し合いをしていたようですが、廊下やトイレで泣いている父を見ていましたから、「お父さんがあまりにもかわいそうだ……」と。それで私は父と一緒に浜松へ帰ったのです。でも、私の心の隅っこには「私が浜松へ行けば、必ずみんなも後から戻ってくる……」という思いがありましたから……。でも、みんな戻ってこなかっただけではなく、逆に私が一〇年後に戻ることになるとは思いませんでした。

●「幸せ」だった浜松の生活……

浜松に戻った私に、父も祖父も祖母もよくしてくれました。欲しい物は何でも買ってもらえましたし、いろいろなわがままも聞いてもらえましたから。母や妹弟に会いたいという気持ちはありましたが、それを口にすると浜松のみんなに悪いと思っていましたから、口にしたことは一度もありません。でも、浜松の家の近くに母方の親戚がありまして、そこのおばさんがいろいろと秘密工作（笑い）みたいなことをやってくれて、母からの手紙を渡してくれたり、年に何回かは浜松に仕事でやってくる母にこっそり会わせてくれたりしていました。でも、何か裏切りをやっているようで、心から喜ぶことはできませんでした。

そうこうしているうちに父も再婚しましたし、母も再婚したという話を聞きましたので、これでいいんだと安心しました。私が高校一年の時だと思うんですが、母が「恵も大きくなったんだから静岡くらいまで出てきなさいよ」というので、もうコソコソするのはいやでしたから、おばあちゃんに「静岡でお母さんと会ってくる」と告げて出てきました。

静岡で会った母は小さな女の子を胸に抱いていました。恵子と初めての出会いです。恵子が二歳くらいのときだったと思います。恵子を見た瞬間「ちょっと変な顔をしているな……?」と感じました。その私の表情を見ていた母が「この子はダウン症なの。神様がくれた子なのよ」と、明るく言うのです。この時の私は障害者のことを知りませんでしたから、「障害もっているんだ」と漠然と思っただけでしたが、顔は青白く、二歳になっても歩けないし言葉も「アー、アー」くらいでした。母が「恵子は歌がとっても上手なんだよ」と言ったので、どんなに上手な歌が聞けるのかと思っていると、「アーアーアー、ウーウー」と、なんだかわからない歌をうたっていました。母や妹はそんな恵子を見て「上手、上手」と手をたたいていました。私はそれを見ていて正直なところ戸惑いましたが、いま恵子と一緒に暮してみて、この時の妹や母の姿がよく理解できます。そして母やこの家族の一員となれてよかったと思っています。

高校も無事に卒業して短大に進みました。愛知県岡崎市にある短大です。浜松にも短大や大学はあるんですが、なにせ浜松から出ることが第一の目的ですから、正直なところどこでもよかった。その理由はいろいろありますが、いちばん大きな理由は義母とうまくいっていなかったことですね。父は私が中学二年の時に再婚しました。私も父のめんどうをズーッと見ることもできませんから、それはそれで喜んだのですが、子供が二人生まれてから徐々にうまく歯車がかみ合わなくなっていったのです。義母も私に気をつかっていてくれたということは充分にわかるんですが、会話がなくなってしまった。

義母も大変でしたでしょうが、私も義母に気をつかってはいたのですが、お互いにわかり合えなかったのでしょうね。そうすると当然のように家が居心地の悪い場所になってしまったのです。そんな私のことをおじいちゃんやおばあちゃんも心配してくれて、何かと気をつかってくれるんですが、これが行き過ぎるとおじいちゃんやおばあちゃんと義母との関係がおかしくなってしまう。ですから、一つの家に二つの家族が住んでいるような状態になっていました。このままではまずいと思い、浜松を出る道を選んだんです。

●母と妹弟のもとへ帰る日……

大学一年の時は寮に入っていました。友達がたくさんいて楽しかったですね。毎晩みんなでワイワイと話し合う。話の中身は全くたわいのないことなんですけどね。二年になるとみな寮から出て自立というかアパートを借りて独り暮らしを始めるんですが、これが私にはつらかった。それまで私の生きてきた人生の中で独りになるということは一度もなかった。家に帰れば必ず誰かが居ましたし、独りで食事をするという経験もない。そういう生活が当たり前になっていましたから……。

なにせ淋しいんです。食事ものどに通らなくなり、体重も急激に減りだし、顔色も悪くなってしまいました。寂しさをまぎらわそうとテレビをつけるんですがダメ。それで浜松の家に電話をしたんです。すると「浜松の家から通いたいはお嫁さんの手前困る」。私はその時に「浜松には戻れない」と感じました。そして考えに考えぬいて、最後の頼みの綱である東京の母のダイヤルを回していました。母は私の話……といっても何をどう話したのかよく覚えていないのですが、話を聞いて「すぐ帰っておいで」と……。

私は新幹線に飛び乗りました。そして、一週間を東京の家族と共に過ごしたのですが、長いこと離れていた家族だったのですが心がとってもなごみ、食欲も出てきて顔色もよくなりました。その時にわかったのです。私は少しノイローゼになっていたと。大学に戻った私の頭にあるのは「学校を卒業したら、あの家族と一緒に暮らそう」と思って卒業までの半年間を過ごしたという感じです。

卒業してから私は「斎藤一家」の一員として迎え入れてもらうことになるんですが、浜松の家とすべてのことが(価値観も含めて)違うんです。みな自立しているんですよ。自分で決めて、その決めたことをテキパキとやっている。私のような優柔不断な態度の人は誰一人としていない。私は甘やかされて育ってきたんだとつくづく感じました。私は二〇歳を過ぎていたので早く仕事をして、社会人としてやっていかなければと焦って職を探しました。

母はそんな私に「急いで仕事を見つけなくてもいい。いままでいろいろなことがあったんだから、人生八〇年のうち一年くらいなにもしないことがあってもいいと思うよ」と言ってくれました。そんな私にはやはり浜松での二〇年間の生活がしみついているので、いやだと自分で思っても浜松の家のほうが楽なので何度も帰ろうかと思ったのも事実です。でも「だからあんたはダメなんだ」とあの義母に言われることがいやで、ここでがんばれたんです。

それに、そんな中で光司も弓子も、そして恵子までが気をつかってくれていることが手に取るようにわかるんですよね。これがあったから逃げ出すことなくがんばれたんだと思います。

後になって光司や弓子から聞いたんですが、「恵が帰ってくるけど、恵が育った家の環境はうちとまるで違う。だから光司も弓子も大変だと思うけど、恵は家族の一員になろうと必死にがんばっているんだから、恵を迎える私たちは恵の何倍も気をつかってあげなければならないよ」と、母が言っていたそうです。私はこの話を聞いて泣いてしまいました……。

●家族の一員として「風の祭典」に参加する

うちの家族は芸能一家です。妹の弓子も小さい頃から日本舞踊などの芸事を習っていました。恵子はいつも父や母の横でお弟子さんに教える芸事を見ていたということもあり、踊りも太鼓も教えられたわけでもないのに立派に身につけていたそうです。これは驚きでしたね。私たちはダウン症の子をはじめ、いわゆる知的障害をもった人たちはこんなことは教えてもできないだろう……と初めから決めてかかっていると思うんです。ところが恵子を見ているとそれがとんでもない偏見であることがよくわかりました。

むしろ私たち健常者といわれる人間よりも優れた感覚をもっているんです。これは理屈でどうのこうのというものではありません。太鼓一つとってみても、私たちはその日、その時の気分などで往々にしてリズムをはずしてしまうことがよくあるんですが、恵子はリズムをはずしたことはほとんどありません。これは踊りについても同じです。

この世の中、「完全」なんて人間はいません。人間が不完全であるからこそみんな助け合い、補ない合って生きているんだと思うんです。その助け合い、補ない合ういちばん小さい集団、それが「家族」だと私は思うんです。根さえしっかりしていればどんな台風がきても大丈夫ですし、いつかは必ずきれいな花が咲くと思います。花の種類によって多少時間のかかり方は違うでしょうが……。

私は仕事(設計事務所)の合い間をぬって芸事を練習し始めました。「風の祭典——恵子と共に」の舞台が本格的に始まってからは、私もしっかりと芸を身につけなければと思いました。それは母が「脇役がしっかりとした芸を身につけていれば主役は光る」と言ったからです。それまでは恵子だけ目立っていれば、私は後ろのほうでちょこっと踊っていればいいと思っていたのですが、その言葉を聞いてからは本当に一生懸命に稽古しました。

でも、これはやはり片手間でやれることではないんです。恵子が舞台で生き生きと踊っている姿を見ていると、さらにその感を強くするんです。舞台は恵子が生きていることを証明し、輝く場なんです。この真剣に生きる恵子の姿があるからこそ、みなさんは感動してくださるのです。それで私も会社を辞めて芸事一本で生きる覚悟をしたんです。

ですから「風の祭典」は恵子の生きて輝く場であると同時に、私が生きて輝く場でもあるんです。こんなすばらしい場を私に与えてくれたのは恵子なんです。誰に強制されたわけでも頼まれたわけでもありません。私は自分が恵子と生きたいからこの道を自分で選んだんです。私が生まれて初めて自分で選び、自分で決めた道です。かっこいいでしょ……なんちゃって（笑い）。

私は「風の祭典」を通して、本当の斎藤一家の一員になれました。父と母は私に言葉ではなく、自らの生き様《いざま》で生きるということの本当の意味と家族というものを教えてくれました。本当の愛情というものは厳しさの中にあるんだということを……ね。ちょっと照れくさいですけど、私にとって「家族」とは、生きるためにはなくてはならないものです。

最後に、わがままな私を二〇歳まで育ててくれた浜松のみなさん、本当にありがとうございました。心より感謝しております。

斎藤光司

長男

僕は一九七三（昭和四八）年九月一四日、長男として静岡県浜松市で生を受けました。父と母の離婚についてはお姉ちゃんが話ししていると思いますので省きますが、僕は母が好きでしたから絶対に母と暮らしたいと思っていました。子供ってみなそうじゃないかと思いますよ。よっぽどひどい母親なら別ですけど……。お姉ちゃんが「浜松に行く」と言った時もあまりショックは受けませんでしたね。「お姉ちゃんはお父さんがいいんだ」って感じです。

●母の再婚と新しい「お父さん」

父（廣美）と母が再婚したのは僕が小学三年生の時だったと思います。母から再婚するという話を聞いても別にいやだとは思いませんでした。それまでに父と何回も会ったこともありますし。父の印象は何かのんびりとした優しそうな無口な人……というものです。いちばん僕が困ったのは「お父さん」と父を呼ぶことでした。実の「お父さん」が居るわけですから。でも、自分に言い聞かせました。「ちゃんとお父さんって呼ばなきゃダメだぞ」ってね。それで練習なんかしていたりして……（笑い）。

父は普段は無口で優しい人なんですが、いったん怒るとこれが厳しいんです。僕はいまでも鮮明に覚えているんですが、妹の弓子とけんかをして手をあげたことがあったんです。小学校の四、五年の時だと思うんですが。その時はすごかった。「兄妹げんかはしてもいいけど、絶対に暴力をふるうな。それも年上のお前が年下の兄妹……それも女の子に手をあげるとは……」と言ってバシッと顔を殴られた。そして父はこう言いました。「どうだ光司、痛いだろ。人から手をあげられるっていやなことだろ。自分のいやと思うことは人にもしてはダメだ。わかったか」と。これ一回だけです。父に体罰というか手をあげられたのは。僕もそれ以後、けんかで人に手をあげたことはありません。

父も母も僕たちを育てるにあたって、役割分担をしていたようです。母は躾が厳しかったですね。口答えをしたり、あいさつをしないと本当に怒る。怖かったです。父は黙ってそれを見ていて、あとで僕たちをフォローしてくれる。いいコンビですよ。これは母の祖母もそうでした。まだ甲府にいて親子三人でアパート暮らしをしている時に、おばあちゃんが心配して訪ねてくるんです。母は踊りを浜松とかいろんなところで教えていましたから、僕と妹の二人で留守番をしていることを心配したんでしょうね。母の留守中はとても厳しく躾られました。

「玄関の入り口の履き物はきちんとそろえておきなさい。玄関はその家の顔なんだから」「お母さんは外で働いて大変なんだから、台所の洗いものはいつもお前たちが洗いなさい」「洗濯ものを干すときはこうやって広げる。たたむときはこうやる」「部屋の掃除はこういうふうに四角くはく」……と、家事のことすべてについて手とり足とり教えられました。ですから、東京に出てきて母が父と一緒になったとき、父が「この子たちはえらくしっかりと躾ができてるなあー」と感心していましたが、小さいときはおばあちゃんの愛情を理解できなくて、ただ怖くてあまり好きではなかったけど、大人になるにしたがって自分の人生で一番心に残っている大切な人です。おばあちゃんが亡くなったときは恥ずかしさも忘れて、お骨を抱いて泣きたいだけ泣きました。

●恵子が生まれて何かが変わった……

恵子が生まれたのは僕が小学四年のときでした。母が「恵子は神様のくれた子だよ。みんなで大切に育ててあげなければいけないんだよ」と言ったのを覚えています。その時に、ダウン症という障害をもっていると聞かされたんですが、ダウン症ってどんなものなのかは知りませんし、ただ「障害者」ということだけは知っていましたので「みんなで大事にしなければ」と思っていました。

でも、僕たち兄妹にしてみれば障害者というより妹ということが先にありますから、どうってことはなかったですし、それはいまも変わりません。それに恵子にしてみれば自分に障害がある

▲中学生の光司兄さんのカバンのなかでニッコリする恵子

なんて意識していませんから、全く普通の妹、赤ちゃんとして接していました。よく周りの人たちが「障害のある妹さんをもって大変でしょうね」なんて心配してくれたりするんですけど、そんなこと一度も思ったことは正直言ってありませんでしたね。恵子は普通の子なんですよ。ちょっと普通の人より動作が遅いだけです。

僕は恵子と接していて感ずるのは、どうしてこんなに心がきれいで純粋なんだろうということです。僕が些細なことで母と口論したり妹と口げんかをしたりすると、ものすごくいやがって「やめてください……」と必死に頼むんです。こんな恵子を見ていると、なんでこんなどうでもいいようなことで言い争いをしているのだろうって、自分が恥ずかしくなります。

ですから、「人に優しくする、思いやる、他を認める……ということの大切さ」を、僕は恵子から学んだように思うんです。恵子はダウン症のほかに心臓や肺に大きな欠陥があり、大手術を五回も経験しています。そのために延べ八年間も病院に入っていたんですが、家に帰ってくるといつもニコニコしている……。「ここが痛い」とか「何々を買ってほしい」などと甘ったれたようなことは口にしたことがない。ただひたすらいまある生命を一生懸命に生き抜いているんです。まるで天使みたいですよ。

●この家族の一員でよかったと思う

よく高校時代に友人から「斎藤、お前は親の悪口言わないな」と不思議がられたもんです。悪口を言おうと探しても、文句言うほどの材料が見つからないんですよ。これは親にゴマすったり、本に書かれるからということではなくて、本当にないんです。僕は「誰をいちばん尊敬しているか？」と聞かれたら、即「父と母」と言えます。

うちの父も母も厳しいですけど、それが納得できる厳しさなんです。それに「こうしなさい」と言われたことがない。そりゃ小さなことではありますよ。「手伝いなさい」とか「もっとがんばりなさい」とかはね。でも、大事なことを決めるときなどは「自分で考えて決めなさい」なんです。自分で考えるについての情報というか選択肢は与えてくれますけどね。こんな父と母のもとでグレるわけがないですよ。

大学は電気系統が好きでしたから、日本工業大学へ進みました。普通ですと大学は四年で出るようになっているらしいんですけど、どうしたわけか六年かかってしまった(笑い)。これは遊んで単位を落としたからということではありません。自己弁護を少しさせていただきたいと思うんですが、大学で勉強していてフッと疑問がわいてきた。「ただ決められた勉強だけして単位を取るだけでいいのかな？」と。

それで全く違う勉強をしてみようと思い、宅建（宅地建物取引き主任）という資格を取ることにしました。大学一年の時です。次は外国を見てみたいと思い、たったの三か月ですがアメリカにホームステイで留学しました。これは大学三年の時です。なんだかんだとやっているうちに六年です（笑い）。でも、うちの親は何も文句は言いませんでした。「人生において無駄ということはないから、遊ぶつもりでやってみろ」です。

大学を卒業するとき（三月）、甲府のおばあちゃんが亡くなりました。そのお葬式に出ていて、葬儀屋さんがテキパキと仕事をやっている姿を見ていたんですが、遺族に対する対応のしかたも実に優しく心あたたまるものでした。「葬儀屋さんは福祉の仕事だな」なんて感心したりしていました。僕はもうすでに電気関係の会社に就職も決まっていましたから、ただ漠然と「人のためになる仕事だな」と思っていたんです。

東京に戻って会社務めがスタートしたんですが、これがどうも非人間的というか、何か機械の歯車の一部品になったような感じで、これはヤバイぞって思った。こんな疑問をもったままズルズルやっていたらもっとヤバイと思い二週間で辞表を出しました（笑い）。「さて、何を仕事にするか」を考えたとき、「あっ、そうだ。あの葬儀屋さんになろう」とひらめいたわけです。それで葬儀屋さんに就職してもう五年になります。この仕事に満足していますね。意外と考え方が単純なんですよ（笑い）。

障害者のことで僕が言いたいことはただ一つです。もっと障害者の人たちと接する機会をたくさんつくるべきじゃないかということです。これは健常者の人たちにも障害者（特に障害者をもつ親御さんを含めて）の人にも言いたいことです。健常者の人は障害者を受け入れる心を。障害者はもっと社会に出ていく勇気をもってほしいんです。

僕も恵子が生まれるまでは障害者の人を見ても近寄れなかったし、ジロジロと見ていました。これは駅で見かけた光景ですが、車いすに乗った障害者の人がスロープでけっこう苦労していた。それを子供がジーッと見ていたら、横にいたお母さんが「見ちゃダメ！」と言ったんです。これはおかしいですよね。この子供の心の中には「車いすに乗った人を見てはいけないんだ」ということしか残らないと思うんです。

僕の場合は、恵子が自分の妹としていつもそばにいるという環境の中で、障害者を見ても別に「普通」という感覚を身につけたわけです。ですから、もっともっと障害者の人たちは社会に出てくるといいと思います。

これは母がよく言っていることですが、障害者に「何かをしてあげる」ではなく、「何かをさせてもらって何かを学ばせてもらう」という姿勢が大事ではないでしょうか。恵子から学ぶことはたくさんあります。恵子は「心に障害をもっていません」から、本当にやさしいんです。

僕は恵子の「風の祭典」では司会をやっています。別に芸事は何もできません。全く才能がない（笑い）。ですから、自分のできる範囲で無理なく恵子の舞台を手伝い、恵子と共に兄弟として、家族として生きていきたいと思っています。みなさん、恵子の舞台をぜひ一度見てあげてください。必ずみなさんの心の中に、どこかで見失ってきた何かが、よみがえってくると僕は信じています。

僕にとって「家族」とは、信頼し合える仲間です。

斎藤弓子《ゆみこ》（柏穂藤花）　次女

私は一九七六（昭和五一）年五月一二日、次女として静岡県浜松市で生まれました。父（実父）と母が離婚したのは私が三歳くらいのときだと思います。ですから、あまり記憶にはないのですが、おぼろげに何か大変なことが起こっているな……という感じはもっていました。

母とお兄ちゃんと私の三人で甲府のアパートで暮らしていました。おばあちゃんがしょっちゅうアパートにきてくれていましたから、あまり淋しいという気持ちになったことはありませんね。おばあちゃんには履き物をそろえることから掃除のしかた、食器の洗い方、洗濯ものの干し方、たたみ方を教えてもらいました。

教え方というか躾のしかたがうまいんですよ。何でもほめてくれるんです。いまにして思えば食器洗いだって、洗うには洗うんですが台所の周りは水びたしだったと思います。でも「ユミちゃん、上手にできたね」とほめてくれました。これは母も同じでした。

母が夜、仕事から帰ってきて台所の洗い物を見るんですが、「あらっ、きれいに洗っておいてくれたのね、ありがとう。お母さん助かるわ！」と、身体全体で喜んでくれるんです。普通なら疲れて帰ってきたなら水びたしの台所を見て「何よ、この洗い方は！　台所の周りが水びたしじゃない。もっときちんとどうして洗えないの！」となりがちですが、そんな小言は一言も口にしたことがないんです。きっと疲れているんだろうにね。これは大きくなってからわかったんですが、こっそり洗い直していたんですよ。

●本当にすばらしいお父さんです

母は東京に出て父（廣美）と再婚しました。とてもいいお父さんなんです。これも恵子と同じく神様からの贈りものだったのかもしれませんね。自分の本当の子供でもない私たち二人を引き取ってくれて、自分の子として育ててくれたんです。それも実の子供以上に愛情をそそいで育ててくれた……。これはなかなかできることではないと思います。

私がまだ小さかったときに「お父さんと結婚したい」と母に言い続けて、母を困らせたそうですよ（笑い）。それくらい私は父を信頼し好きだったんでしょうね。私は父に叱られたという記憶はあまりないんです。叱るのはいつも母でした。でも、大きなことはやはり父が叱っていました。これはお兄ちゃんを見ていての感想です。

これはどうも父と母で決めていたように思うんです。小さなこまごましたことは母が受け持ち、何か大きなことは父が受け持つとね。それに、叱り役となだめ役みたいなことも分担していたたんじゃないかな……。こんなことがありました。私は小学一年生くらいから日本舞踊を習い始めました。師匠はもちろん母ですが、とにかく厳しいんです。それに強制的にやらされていましたから何も楽しくない。これがいやでいやでたまりませんでした。

当然のことですが、いやいや稽古するわけですからそれがもう態度に出るわけです。母との戦いでした。中学までその戦いは続きました。私は「踊りをするくらいなら死んだほうがいい。お母さんは好きだからいいけど、私は好きじゃないから」と言ったのを覚えています。そして母は私に教えるのをやめました。そんな私に父は「お母さんは弓子が憎くて厳しくやっているんじゃないんだよ。お前らくらいの年の頃に基礎をきちんとやっておくと、後の上達が早いし楽なんだよ。だからお母さんは弓子のためを思って厳しくやっているんだよ。稽古がつらくて泣きたくなったらいつでもお父さんのところにきなさい……」と。

さらに父は「お母さんが言っていたけど、弓子は踊りの天才だそうだよ。もう少しで踊りのコツをつかむ。そうしたらもう厳しくすることはないそうだよ。弓子、もう少しがんばればいいようだよ」と私を励ましてくれましたが、いつも私を上達させるために父と母は話し合っていたようです。でも無理にさせてもこれ以上は上達しないと思ったのでしょう。しばらく好きなことをさせようと思ったそうです。私も将来、結婚して子供ができたら父と母がやっていたように夫と何でも相談して子育てをしたいと思います。

私は自分の手に職をつけて何かをやって生きていきたいと思っていました。そこで洋裁の専門学校に進みました。将来は洋裁関係の仕事をしようと決めていたわけではありませんけど、とりあえず手に職をつけたかったのです。恵子が「風の祭典」をやるようになってから、あの「死んだほうがいい」といっていた踊りが好きになっていました。いま舞台に立てるのは、小さいときにいやいやでも厳しく教えてもらっていたおかげです。父が小さいときの基礎が大切といっていたことがわかったような気がします。恵子の生きている証である「風の祭典」は、片手間仕事でやることはできないと思ったので、いまは自分から母に教えてくださいとお願いするようになりました。

おかげさまで、いまは東京都葛飾区の金町にある読売文化センターなどで日本舞踊を教えたり、太鼓教室で子供たちに教えたりするまでになりました。これはやはり家族全員、特に母と恵子に感謝しなければならないと思います。

●うちに神様の子供がやってきた

恵子が天国の神様の使者としてうちにやってきたのは、私が小学一年生の一二月二三日のことで、サンタさんがプレゼントを持ってやってくる二日前のことです。

私とお兄ちゃんは「ヤッター！」と大喜びしました。そして恵子が生まれて四か月目の頃、母が言いました。

「うちには神様の子供が生まれたんだよ。光司も弓子もよく聞いて。恵子は大きくなっても歩けないかもしれない……、お話もよくできないかもしれない……、学校にも行かれないかもしれない……、あなたたちとは違うのよ。恵子はたくさんの愛情がないと育たないの。だからみんなで大切にかわいがってあげようね」と。

私とお兄ちゃんは恵子が「ダウン症」であると母から聞いたのですが、ダウン症って何なのかさっぱりわかりませんでした。でも、「障害者」という言葉は知っていましたし、どういう人を障害者というのかはだいたいわかっていましたから、「恵子、かわいそう……」ってお兄ちゃんと泣きました。母が言った「恵子は大切に育てなければ生きていけない……」という言葉が胸にジーンときて、「みんなで大切にしようね」とお兄ちゃんと約束したんです。

実際に恵子と暮らしてみて、私たちが赤ちゃんだった頃と何も変わらないと思いました。わたしには恵子が初めての妹ですし、普通の子がどのように成長していくのかわからないんですけどね。でも、特別に何かをしなければならないということはないんです。ただ、恵子が三歳くらいになって気づいたんですが、普通の子より小さいということと、あらゆる動作が遅いかな……ということですね。

でも、すごい才能があるんです。これは私たち健常者という人間にはない才能だと思うんですが、見ていてすべて覚えちゃうんです。私なんか母に散々叱られても覚えられないようなことを、恵子はジッと見ているだけで覚えてしまう。それも正確にです。これはすごいですよね。母がお弟子さんに太鼓や踊りを教えているのを横でジッと見ている。それで身につけてしまうんです。いまは踊りを恵子にも教えますが、恵子が小さいときは「生きていてくれるだけで幸福」と思っていたので、病院生活の多い恵子に教えたことは一度もありません。ですから、本当にすごい才能です。いまでも私たちの踊りを見ていて覚えてしまいます。

それに恵子のすごいところは、人に対して優しく思いやる心が強くあるということです。私はいつも自分に言い聞かせています。「恵子のような人間になろう」と。

●本当にすばらしい「家族」だと思います

自分で言うのもおかしいんですが、うちの家族はすばらしいと思います。父にしろ母にしろ、お姉ちゃん、お兄ちゃん、そして恵子と、みんな優しいし、人のことを思いやることができる人たちです。私はこの家族の一員であることに誇りをもっていますし、特に父と母は尊敬しています。そして恵子は私の心の「先生」です。

母は子育てについて私に言ったことがあります。「弓子も結婚して子供ができたとき、これだけはしっかりと思い出してほしい。子供を育てるとは、服を着せたりご飯を食べさせたりすることではない。こんなことは親でなくてもできることだよ。親にしかできないことは、その子が世の中に出て思いやりの心をもって人と接したり、世の中のためになることを少しでもできるような人間にすることだ。これが親の役目だよ」と。

「風の祭典」は恵子の生きがいでもあり、私にとっては「家族の絆」です。

全国のみなさん！　「風の祭典」をあなたの町に呼んでください。私たちはどのような田舎にも出かけます。そして「生きるとは何か」「障害者との共生とは何か」「家族とは何か」をみなさんと一緒にわかち合いたいと思います。

最後になりますが、私にとって「家族」とは離れられないものであり、頼れるものであり、いやされるものです。何かうまく表現できなくてゴメンなさいね。

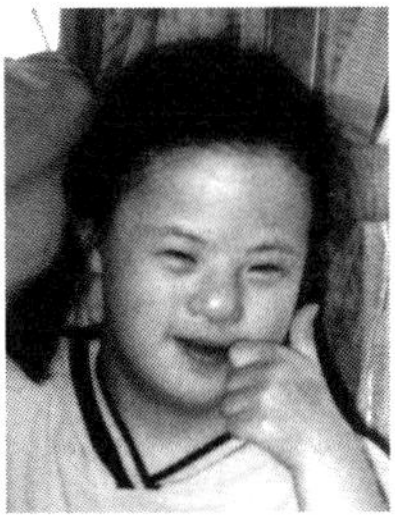

斎藤恵子　三女

※この会話は、この本の構成をしている奥野さんと私だけの秘密のテレパシーで会話をし、まとめていただきました。

みなさん、こんにちは。斎藤恵子です。私は一九八三（昭和五八）年十二月二二日、午後六時一五分に天国からの神様のお使いとしてやってきました。東京の下町・葛飾という町の斎藤一家の三女としてね。お父さんの名は廣美、お母さんの名は美恵子です。

私が生まれた時、お父さんとお母さんはビックリしたそうですね。だってお医者さんから「このお子さんはダウン症です」と知らされたからです。

私はみなさんとちょっとだけ違うものをもって生まれてきました。それは「ダウン症」というおまけつきです。でも、これは病気じゃないんです。詳しいことはよくわかりませんが、染色体がみなさんより一本多くあるそうです。多いことはいいことだと思うでしょうが、これはそうはいかないようです。一本多くあるためにみなさん方より発育が遅く、成長するのに少し時間がかかるからです。

ですから、みなさん方と同じく成長することはできないのですが、学校にも通えますし、お話もちゃんとできます。でも、ちょっと言葉が聞きづらいかな……。私たちダウン症の特徴は顔がみなさんと少し違うことです。私は自分のこの顔が気に入っているのですが、どうもみなさん方から見ると、おかしく見えるんでしょうか、みなジロジロと私を見ることが多いようです。私の写真を見てください。かわいいでしょう（笑い）。

まあ、ジロジロ見られることはしかたがありませんよね。だって私たちダウン症の子供たちとみなさん方とあまり遊んだりしたことがないのですからね。それにもう一つの特徴は、何をするにもゆっくりとしていて時間がみなさん方の何倍もかかってしまうことです。でもみなさん、「ウサギとカメ」のお話を知っていますよね。何をするにも速いウサギさんは、何をするにも遅いカメさんに競争をして負けましたよね。

だからカメさんが偉いんだということではありません。ウサギさんは自分の速さに自信をもちすぎていたから油断をしてしまったのです。カメさんは自分の速さに自信をもっていませんでしたから、一生懸命に油断することなく前に進んだだけですね。ですから「自信をもちすぎ油断をする」ということは大変に怖いことなのかもしれませんね。

私は「競争」という言葉がきらいです。競争をするから相手とけんかしたり、人を押しのけたり、足をすくったりするのではないでしょうか。ほかの人に勝つためにする競争は、ほかの人を認めないということになりますよね。私はけんかをしたり、人の悪口を言うのを見ているのがつらくてしかたありません。何か胸の中がジーンとせつなくなってきてしまうのです。ですから、そのような時はすぐにやめてもらうように必死になって頼みます。「やめてください」と……。どうしてみなさん方は競争するのですか。もっとゆっくり、もっとのんびりと生きてもいいのではないでしょうか。

もう一つ特徴があります。これは意外とみなさん方は気がついていないと思うのですが、ある「才能」をもっていることです。私の場合には踊りと太鼓です。天国の神様が私に言いました。「おまえには踊りと太鼓の芸事の才能を授ける」と。私は神様に聞きました。「ほかの子供たちにも何かを授けましたか？」。神様は言いました。「ほかの子供にもいろいろな才能を授けている」と。

でも、このすばらしい才能も周りの人たちが気づいてくれなくては、私たちだけではどうにもならないのです。私はたまたまお母さんが気づいてくれましたので、神様から授かった才能を伸ばすことができました。ダウン症をもっている子供を授かったお父さん、お母さん、あなたのお子さんが神様から授かってきた才能がなんであるのかを知って欲しいと思います。

私たちダウン症をもった子供が自分で言葉にして告げられればいいのでしょうが、神様はそこまでめんどうを見てはくれませんでした。おそらくそれは神様の意地悪ではなく、あたたかい心づかいなのかもしれません。「さあ、家族みんなで答えを探してごらん」という。この才能探しが家族の絆を深めることになるのではないでしょうか。

●私の生きがいは「風の祭典」です

お母さんが私の才能に気づいてくれたおかげで、私は「風の祭典」という舞台に立つことができました。そして、全国のたくさんの人たちとお友達になれました。私と同じダウン症のお友達もいますし、違う障害をもったお友達もいます。それにどこにも障害のないお友達もたくさんできました。本当にうれしいです。

私の舞台を見ていただいて、「あ、、よかった。感動した」「元気づけられた」「勇気がわいてきた」と、みなさん方は言ってくれます。私はそれだけでもずいぶんとうれしく思うのです。でも、どうしてみなさん方は私の舞台を見て、あれほど感動してくださるのでしょうか。私は自分が踊りたい、太鼓をたたきたいからやっているだけです。大変に失礼な言い方ですが、「自分のためにやっている」のです。でも、みなさんは喜んで感動してくださる……。

このことを私の小さな頭でよくよく考えてみたのですが、おそらくこうだと思います。「恵子ちゃんはダウン症という障害をもっているのにあれだけがんばっている……。私たちは何の障害もないのにあまりがんばらずに一日一日をダラダラ文句ばかり言って生きている。もっと恵子ちゃんのようにがんばらなくては……」という気持ちになられるのではないでしょうか。まちがっていたらゴメンナサイ。

私は「がんばらなくては……」というのは、ちょっと違うのではないかと思うのです。無理を

▲みんなそろって「ハイ、ポーズ！」

して「がんばる」から疲れてしまい、心まで疲れてしまうのではないでしょうか。私はそんなにがんばることはないと思っています。もっとのんびり、ゆっくりと「がんばらない」で生きてみてはどうでしょう。気持ちがいいと思いますよ。みなさん方は、もう充分にがんばっていると思います。

私たち障害をもつ者は、不思議と心に「障害」をもっていません。でも、みなさん方の中には心に「障害」をもってしまった人がたくさんいるようです。なぜ私たちが心に障害をもたないかといえば、私たちは無理してがんばらないからです。自分のいやなことは「いや」と拒否します。ここが私たちの強いところです。一般的にはこれを「わがまま」と言うらしいのですが、これはわがままではなく自己主張だと思います。

私は新聞は読みません。読めなくて読まないのではなく、先ほどもお話ししましたが時間がかかるのです。一ページ読むのに何年かかると思いますか(笑い)。でも、心の目で新聞を読んでいます。これも才能の一つかもしれませんね。それによると、いまの若い人たちが起こしてしまう事件のすべてが「心の障害」によるものだと思います。

この「心の障害」は私たちの「身体の障害」より何倍も大変なような気がします。なぜそのような恐ろしい障害をもってしまうのかといえば、先ほどお話しした「競争」のためではないでしょうか。人より一歩先に行く……という競争です。この競争を子供たちは小さいときから強いられているのです。それで無理ながんばりをいやいやっている結果ではないかと思います。私たちダウン症という障害をもつ仲間の中に、「心の障害」をもった人はおそらく一人もいないと思います。

この「心の障害」を治すのには病院で薬をもらっても治らないと思います。いちばんの薬は「家族」です。家族さえしっかりとその人を見守ってあげたなら、時間はかかるでしょうが必ず治ると私は思います。私たちがもっている障害も病院ではいまのところ治せませんが、それはそれでいいのです。みなさん方にお願いしたいことは私たちを見る見方を少しだけ変えていただければ、ずいぶんと違ってくると思います。

ダウン症という障害を「その人の個性」として考えていただければいいと思います。そうすると隠すこともありませんし、健常な人の真似をすることもありません。「個性」とはその人だけの個有の生き方なんですから……。何か説教がましいことを偉そうにお話ししてきましたが、これは「斎藤恵子」という私の口をかりて神様が言っていることだとお思いになりお許しくださいね。

最後になりますが、私にとって「家族」とはゆりかごです。みなさん、私の生きがいである「風の祭典」をぜひみなさんの町に呼んでください。そして私とお友達になってください。よろしくお願いいたします。

●第3部●

恵子の誕生と闘病生活

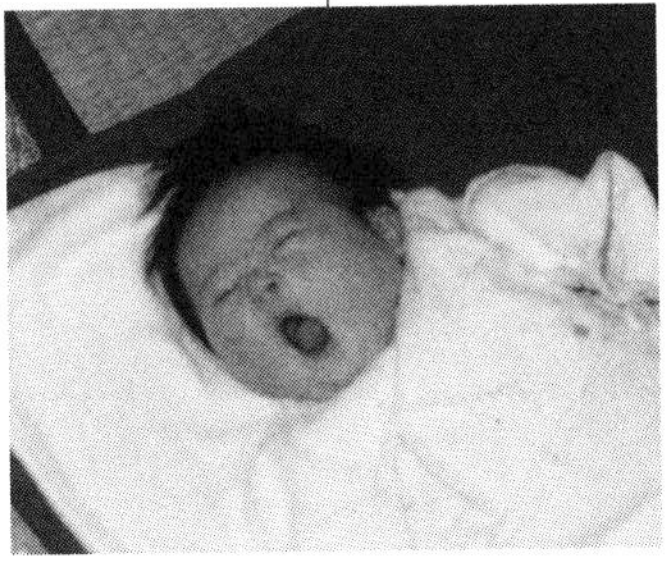

恵子誕生

美恵子　恵子が生まれたのは一九八三（昭和五八）年の一二月二二日です。三五二〇グラムで生まれましたから、立派な赤ちゃんですよね。夫にとっては初めての自分の子供ですからソワソワと落ち着かない様子でしたが、新生児室でスヤスヤと眠っている恵子をガラス越しに見て「これが俺の子なんだ……、この子のためにもがんばらなければいけない……」と思ったそうです。

「恵子」という名前は、人に対して思いやりのある、優しさをひとに恵んであげられるような子になってほしいという願いからつけました。

私は子供は自分の母乳で育てる主義でしたから、恵子の場合もそのつもりでいました。部屋で恵子に母乳を与えている時に先生がやってきて、「……母乳ではなくてミルクを飲ませてください」って言うんです。私は「子供は母乳で育てることにしていますから」と答えると「いや、ミルクのほうがいい」と。何か変な先生だな……と思っていました。

あまり先生が「ミルク、ミルク」って言うもので先生のいるところではミルクを哺乳瓶に入れて飲ませるふりをして、先生がいなくなると母乳を与えていたんです。先生にしてみればダウン症の赤ちゃんは吸う力が弱いから、母乳を充分に吸うことができないとの判断からそう言っていたようです。私にしてみれば恵子がダウン症であるなんてことは全く知らないわけですから、変な先生と思ったんでしょうね。

廣美　恵子が生まれた時は「ヤッター！」という気分でした。ところが、三日目に先生が「斎藤さん、ちょっとお話がありますので、こちらの部屋にきてください……」と、何か深刻な顔をして言うんですよ。僕は先生の後について研究室みたいな部屋に連れて行かれたんですが、先生の表情から「これは美恵子に何かあったんだな……」なんて考えていました。だって、生まれた赤ちゃんは丸々と太って全く健康そのものでしたからね……。

先生は静かな口調で「実は斎藤さん、あなたのお子さんはダウン症です……」と言う。もちろん僕はダウン症なんて名前を聞いたこともないし、どんなものなのかも全く知らないわけです。ただ「症ってついているから病気の一種なんだな」とは思ったんですが、本棚からぶ厚い辞書のような本を取り出してきて、僕に説明し始めました。

開いて見せてくれた本には、いろいろな奇形児や障害児の写真がたくさん載っていました。この病気は段々変化していく病気なのかと思ったんですよ。でも不思議と冷静でしたね。ただ、できるだけ長く生きてほしいと思いましたね。先生は「弱いお子さんですが大切に育ててあげてください」と言ったのですが、女房は恵子を抱いてニコニコしているわけですし、そんな女房に「恵子はダウン症という障害をもっていて、いつ死ぬかわからないそうだ……」なんて言えませんよ。

それに、僕がいちばん恐れたのはそれを知って女房がショックを受けてしまい、母乳がとまることでした。僕も子供には母乳を飲ませるのがいちばんいいという話を聞いていましたからね。それで、弱い恵子には特に母乳をと思いましたから、女房が気がつくまで話さないことにしたんです。

●恵子がダウン症であることを知る

美恵子　一週間で病院は退院しました。家に帰ってみると夫は実にこまごまとしたことまで手伝ってくれるし、変に優しいんですよ。それに「ストーブよりエアコンのほうが赤ちゃんにはいいと思う」などと言って、さっさとエアコンを買ってくるんですよ。本当に甘い父親だなと思いましたね。恵子のことを知らない私は恵子のことより甘い夫のほうが心配でした。

それでも、恵子の顔がちょっとおかしい……とは思っていました。上の三人の子供たちと違うんですよ。でも、それは夫に似たからだと気楽に考えたりしていました(笑い)。保健所で行う四カ月検診というのがあるんですが、私は恵子を連れて出かけようとすると、夫が「俺も一緒に行く……」と言い出したんです。その日は夫に仕事も入っていましたから「いいわよ、私一人で」と言っても「行く」と言う。それで二人で恵子を連れて行ったんです。

保健所に着くと夫はサッと車を降りて、自分一人だけ先に保健所に入っていって、保健婦さんと何か話しをしているんですよ。そして戻ってきて、「それじゃ俺は仕事に行くから、よろしくな」と私を残してさっさと行ってしまったんです。この夫の行動が不可解で又ここでも「何かある」と不安がよぎりました。

保健婦さんが私のところにきて、「あちらでお話ししましょ」と、私を相談室に連れて行きました。そして恵子の顔をみながら「あら恵子ちゃん、かわいいわね。元気そうね」などとしばらく恵子をあやしていたんですが、もう一人の保健婦さんが入ってきて、「大丈夫ですよ。ダウン症の子は育てやすいし」と。

私は初め、保健婦さんが何を言っているのか全く理解できませんでした。「ダウン症……?」「障害児」。この「障害」という言葉で頭の中が真っ白になりました。

頭の中が白くなる……とよく言われますが、このことを言葉ではなく自分の体験として味わったのはこの時が最初です。家までどうやって恵子を連れて帰ってきたのかも、よく覚えていないんです。家に着いてすぐに家に常備している病気の本を取り出して「ダウン症」という項目を調べました。するとそこには「精神薄弱児」という言葉のほかに「蒙古人に似た顔貌、偏平な顔、低い鼻、つり上がった目……」「体が虚弱、根本的な治療法はない」などと記されていました。いまにして思えば何という冷淡な記述だろうと思いますが、その時は「冷淡」なんて感じを客観的にとらえる余裕もありませんから、「あ、、恵子が不憫だ……」と思うだけ。ただ、不憫……。涙があふれてきました……。

●「健康」ということがどれだけすばらしいことか……

美恵子　私たちは「いとおしい」という言葉を使いますよね。私も平気で軽い調子で「いとおしい」なんて言ったり書いたりしていましたけど、この「いとおしい」ということの本当の意味を自分の肌でひしひしと感じたのはこの時が初めてです。

親というものは自分の子供に対して「かわいい」とか「愛している」という感情はみなさんもっていらっしゃると思うんですが、「いとおしい」という感情はなかなか実感としてもつことはできないと思う。これは自分自身、恵子が生まれる前はそうでした。「生きていてくれる」ということがどれだけすばらしいものかを元気だと当たり前のように感じていて気づけないでいるんですね。ダウン症児である恵子をもって、私は初めて「健康」ということのすばらしさに気づいたのです。私の中に眠っていた「いとおしい」という感情を呼び起こしてくれたのも、「生きている」ということのすばらしさを思い出させてくれたのも恵子でした。

私は上の三人の子供を育てる時、どの子も同じくかわいかったし、どの子にも等しく愛情をそそいできたつもりでした。でも、上の三人には恵子に感じた「いとおしい」という感情はなかったと思います。本当は、健康な子供たちにもこの「いとおしい」という感情をもって接しなければならなかったのです。うちの子供たちはたまたま「普通」に育ってくれて問題行動や非行の道に入ることはありませんでしたが、そうでないお子さんもいるわけです。どんな子供でも、親に「いとおしい」と本当に思われていたなら、決して道をはずすようなことはないと私は思います。

廣美　女房と恵子を連れて保健所に行った日、僕は保健婦さんに頼んだんです。「うちの妻は子供がダウン症だということをまだ知らないでいますから、よろしくお願いします」ってね。保健婦さんには「……ダウン症……ですから、よろしくお願いします」って、聞こえたんでしょうね。

ですから、保健婦さんもすぐダウン症の話に入って、ショックをやわらげるための配慮みたいなことをしなかったんだと思うんです。僕は保健所を出て仕事に向かったわけですが、あのときはつらかったですね。後ろ髪を引かれる思いとはこういうことなんだと思いました。

●子供が生きていてくれるだけで幸せ……

美恵子　私はいつも子供たちに言っています。「悔いのない人生を送ろうね」って。悔いのない人生というのは、一流大学を出て一流の会社に入り、一流の生活をすることでは決してない。大学なんて出なくてもいいし、いい会社に入らなくてもいい。自分が後悔しない生き方を自分で探し、生きていってほしいというだけのことです。このことを教えてくれたのも恵子です。

恵子を授かってから私は「命の尊さ」ということを実感として感じるようになりました。生きていてくれるだけでうれしいし、幸せなんです。これが親というものだと思います。なまじ生きているということが当たり前で健康だからこそいろいろな欲も出てくるし、無理難題なことでも平気で子供に要求してしまうのじゃないでしょうか。私が子供たちにいう「悔いのない人生を送ろうね」というのはこのことなんです。

障害をもった子、特に知的障害をもった子というのは、自分を高めるために生まれてくるのではなく、周りの人間の生き方を高めるために生まれてきているんだなと、つくづく思います。それを「障害児でかわいそう」なんて表面だけで同情するのは欺瞞もいいところです。もっとこの子たちの本質的なところを見てほしいのです。

本当は私たちが「かわいそう」な人たちなんですよ。よく障害をもった子供が生まれると「あの人の前世において、何かよほどの悪いことをしたから〝かたわ〟の子が生まれたんだ。これは因果応報というものだ」などと話をする人がいますが、とんでもない勘違いです。親の心が曲がっているからとか、何か悪さをした罰としてこの子たちが授かるわけじゃない。この子たちを授かった親御さんというのは神様から選ばれているということを知ってほしいと思います。私は「神様」という言葉をよく使いますが、私自身はこれといった宗教をもっているわけではありません。私がこの本で使う「神様」とは、宗教神とは全く関係のない、それ以上の存在としてあるのです。

この子たちは自分の伝えたいことを言葉では表現できませんよね。でも、その生き方を見ているといろいろなことを教えてくれるんです。ですから、この子たちのすばらしい伝言を私たちが代わりにしなければならないんです。私たち親はそのことを世の中に伝えるメッセンジャーなんですよ。この子たちの口であり、手であり、足であるわけです。このことをもっとみなさんにわかってほしいと思うのです。

こんなことがありました。これは障害をもった親御さん、または家族が必ず体験することの一つだと思うのですが、ある日、突然にある人たちが数人で訪ねてくるんです。そして「あなたがた障害者をもった家族の方々を救ってあげたい。それについては○○教の信者になってほしい……」と。入信をお断りすると「そういうことではこの家に災いが必ずきます」と言われました。

私にだって宗教とは違いますが信仰心はありますよ。人間として生きている以上、何らかの形での信仰心は必要だと思います。この場合、「信仰心」という言葉が最適かどうかはわかりませんが、何かを信じて敬うという心です。私の場合は「親」がそれです。親があるからこそ自分が存在できているわけですよね。ですから、親を含めた先祖ということです。私のいまの生き方というのは親から学んだものが大半で、あとは恵子から学んだものです。

私の両親から、人間は何のために生まれてくるのかというと、心を高めるために生まれてくるものだと教えられました。お金をもうけるとか偉い人になるとかは成功のほんの一部分でしかない。貧しくても無名の路傍の石でも心が高かったらそれは大成功だとね。私もそう思います。このことはいつも子供たちに言い聞かせてきましたよ。「どんな仕事でもいい、どんな生き方でもいい、自分が悔いることのない生き方をしなさい」と。最後に死ぬ時に「悔いのない人生だった」と思えれば、これは成功なんだと言えると私は思うんです。

●恵子と共に生きる覚悟をする

美恵子　恵子がダウン症だって知ってから三日間くらいは泣いていました。ちょうどその頃です。日本ダウン症協会というところからパンフが送られてきたんです。そのパンフの中に書かれている一つの詩を読んで、私は目からウロコといいますか、心の中に深く沈澱していたものが、スーッと消えていくことに気がついたのです。

ちょっと長い詩ですが、必ずや読まれた方の心に何かすばらしいものを残すと私は確信しますので紹介したいと思います。

会議が開かれました。地球からはるか遠くで「また赤ちゃん誕生の時間ですよ」天においでになる神様に向かって天使たちは言いました。

「この子は特別の赤ちゃんで　たくさんの愛情が必要でしょう。この子の成長は　とてもゆっくりに見えるかもしれません。

もしかして　一人前になれないかもしれません。だから　この子は下界で出会う人々に　とくに気をつけてもらわなければならないのです。

もしかして　この子の思うことは　なかなか分かってもらえないかもしれません。

何をやっても　うまくいかないかもしれません。ですから私たちは　この子がどこに生まれるのか　注意深く選ばなければならないのです。

この子の生涯が　しあわせなものになるように　どうぞ神様　この子のためにすばらしい両親をさがしてあげてください。神様のために特別な任務をひきうけてくれるような両親を。

その二人は　すぐには気がつかないかもしれません。彼ら二人が自分たちに求められている特別な役割を。

けれども　天から授けられたこの子によって　ますます強い信仰と豊かな愛をいだくようになることでしょう。

やがて二人は　自分たちに与えられた特別の神の思し召しをさとるようになるでしょう。神からおくられたこの子を育てることによって。

柔和でおだやかなこのとうとい授かりものこそ　天から授かった特別な子どもなのです」

（Edna Massimilla／作・大江祐子／訳）

私はこの詩を読んだ時、「ああ、世の中にはなんて心の温かい人がいるんだろう……。私はこの文を書いた人のためにも私自身のためにも、恵子をしっかりと受け止め生きていかなくちゃ……」と、心が救われる思いがしました。

私が恵子のことで泣いたのは三日間です。そして、この詩を読んで完全にふっ切れました。私たち家族と同じくダウン症の子供を授かったお母さんで、三年たっても泣いていらっしゃる方がいます。「この子は不憫だ、かわいそうだ」って。これは私の経験からいえば子供がかわいそうではなくて、「自分がかわいそう」なんだと思います。そして家の中にとじこもり、家族みんなが心の障害者になってしまっているという家庭も実際にあります。私の心の痛むのはこんなときです。人の評価ではなく、自分のすばらしさを自分が認めてほしいと思うのです。

うちの家族の場合は、あるがままの恵子の姿を子供たちに話しました。そして、「みんなで恵子を大事に育てて、幸せな人生を送らせてあげようね」と言うと、光司が「お母さん恵子は死なないよね？　死なきゃいいじゃない」って言った。その通りなんです。生きていてくれさえしたらそれでいい……。光司のこの一言で、目の前がパッと明るくなりましたね……。本当に子供というものは大人と違って変な欲がありませんから純粋なんですよ。

八年間にもわたる恵子の闘病生活——先天性心疾患

美恵子　ダウン症などの子供たちが通う「あけぼの学園」という養育施設があるんですが、恵子は生後六か月からそこに通っていました。この学園は外国の方が設立されたのですが、専門の先生もいらっしゃいました。そこの先生が「恵子ちゃんの心臓には何か雑音が聞こえる。大きな病院で検査してもらいなさい」と言われた。またまたショックでしたね。

それで東京の都心にあるT大学病院へ恵子を連れて行きました。一、二時間待たされた後に恵子の番になったのですが、先生は恵子の胸に聴診器をちょっと当てただけで、検査らしい検査は何一つしない。これが何と一年間も続いたんです。私がいろいろ聞いても答えてくれないんです。先生は恵子の病名は知っていたと思うんですがね。

それで再度、恵子の心臓の様子をうかがいました。その先生は「ダウン症の子を授かった親御さんは、このまま寿命で……、という方が多いですから」と、それだけでした。

●「極形ファロー四徴症」と「肺動脈閉鎖」

美恵子　私はこのことをあけぼの学園の医師に話しました。すると先生はしばらく考えこんでから「……それじゃ、恵子ちゃんを慶応病院に連れて行くといい。慶応病院はダウン症の子供の心臓疾患も専門にやっていますから」と、親切にも紹介状を書いてくださると言う。そして先生は「慶応の外来は水曜ですから、来週の月曜日に書いておきます」と。

その日、私はそのまま家に帰る気にはなれなくて、一階の待合室でずっと本を読んで恵子の診察が終わるまで待っていました。これが運命の分かれ道となったんです。いつもですと恵子をあずけていったん家に帰り、また迎えにいくのですが。しばらくすると先生が二階から降りてきて、「お母さんまだいらしたんですか……。それなら紹介状をいま書いてさしあげます」と言ってくださった。

私が先生から紹介状を書いていただいたのが火曜です。先生は「来週の水曜に……」と言っていたけど、夫とも相談した結果、明日行こうと決心しました。そして翌日、早速に病院へ行きました。紹介状を読んだ先生はすぐ検査をしてくださり、「お子さんはまちがいなく心臓にも疾患があります。病名は極形ファロー四徴症と肺動脈閉鎖です」と言われました。私はきょとんとしてそれを聞いていましたが、どんな病気なのか全くわかりません。

先生はその病気のことをわかりやすく説明してくれました。心臓はふつうの場合、四つの部屋にわかれているそうですが、恵子の心臓はその部屋を隔てている壁に大きな穴があいており、弁もうまく働かず、一つの部屋になってしまっているそうです。さらに、肺に血液を送り込む動脈も閉鎖しているというのです。普通は生まれてすぐに閉じてしまう動脈管という管が開いたままだったため、奇跡的にその管を通って辛うじて肺に血液が送られているのだそうです。ですから、いつ発作を起こしてもおかしくない状態だったのです。

恵子がこんな危険な状態にあることも知らず「恵子の身体を丈夫に鍛えなきゃ」ということで海に連れて行ったりして手足を動かさせたりしていたのです。無知というものは強いどころか怖いということを実感しました。

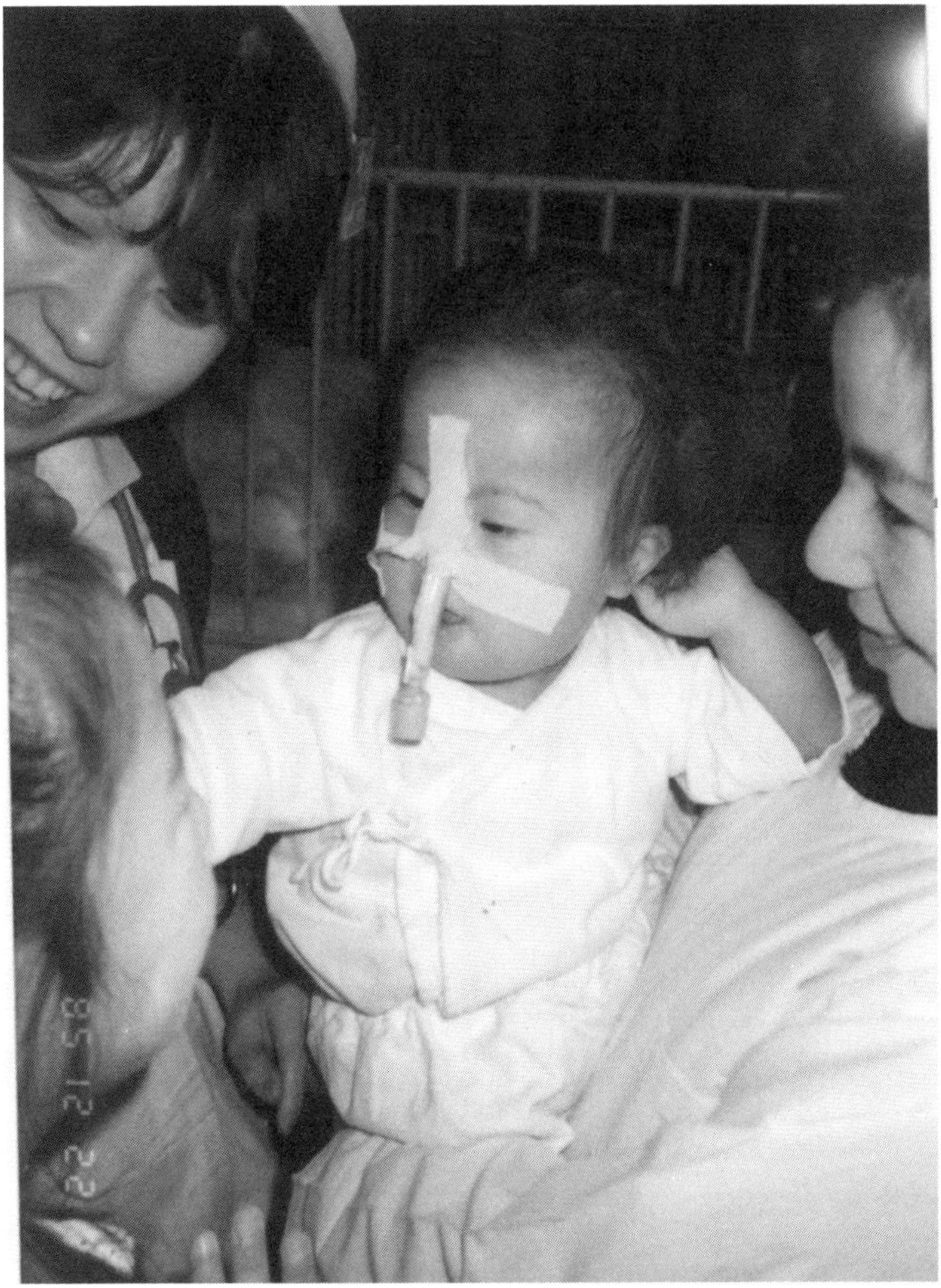

▲入院中の恵子（2歳の誕生日）

ところが、このことがなんと検査の翌日に現実のものとなったのです。八五年の九月五日、いつもと変わらない朝を迎えた恵子が、急に苦しみ始め、部屋中をのたうち回ったのです。先生が言われていた発作が起きてしまったのです。私と夫はただオロオロするばかり……。でも、さすが夫は男です。すぐ冷静さを取り戻し、電話をとるとすぐに救急車を呼ぶと同時に慶応病院にも受け入れてくれるように頼んだのです。

病院のほうも「受け入れＯＫ」ということで救急車で直行しました。病院に着いた恵子はそれから一年間、私たち家族は指一本ふれることができなくなったのです。先にもお話ししましたが「これが運命を分けた」という紹介状が一週間遅れていたなら、おそらく恵子の生命は……ということを考える時、神様がそうさせたとしか言いようがないのです。もしあの日、私がいつものように家に帰っていたなら……と思うと、いまでも恵子は「生かされている」と感じるのです。

●恵子の闘病生活が始まる

美恵子　第一回目の手術はT医師の執刀で八五年一〇月二八日に行われました。恵子の延べ八年間にもわたる闘病生活の幕明けです。一回目の手術は、肺動脈を開くものでした。閉じている動脈の代わりに新しい管を通すわけですが、自分の血管を移植して使えば身体の成長に合わせて血管も成長しますので取り換える必要がありません。そこで恵子自身の血管を移植して使ったのですが、その血管に狭窄部、つまり狭くなっている箇所がいくつかあり、手術はうまくいきませんでした。

廣美　なんせ、すべてが運命という糸で結ばれているというか、奇跡というかね。女房が書いてもらった紹介状のことといい、僕が病院に受け入れてもらえるかどうかを聞くためにかけた電話に出られたのが、前日に恵子を診察してくれた先生であったり……とね。後になって看護婦さんが僕に言うんです。「恵子ちゃんが救急車で病院にきた時、不思議だったんですよ。入院の用意はすでにしてあるし、ご主人が電話した時にO先生が出たということもね。O先生が外からの電話に直接でられることはないんです。入院手続きはO先生がされていたことはわかったんですが、電話の件は謎ですね……」と。

一回目の手術は約四時間くらいかかったと思います。結果的には失敗でしたが、手術室から戻ってきた恵子を見てビックリしました。顔に血の気というものがまるでなくて、ロウ人形のようにまっ白なんです。集中治療室に入っている恵子を窓越に見ていたんですが、恵子が苦しそうにせきをすると女房は「看護婦さん、見てください。恵子が苦しんでいます」って大声で叫ぶんですよ。

看護婦さんも恵子のめんどうをよくみてくれました。私はそんな恵子の姿を見ていて、女房に言いました。「恵子も生きようと必死になってがんばっているんだ。あの恵子の姿をしっかりと覚えておこう……」と。

美恵子　二回目の手術は同じ年の一二月二日にM医師の執刀で行われました。恵子の体力の回復を待って行われたのですが、今回は自分の血管ではなく人工血管を使ったんです。手術は成功しましたが人口血管のため、恵子の成長に合わせて太い血管と入れ換えをしなければならないという問題は残りましたが……（この後、九〇年の一一月に動脈の狭窄部を広げる三回目の手術が行われた）。

私は一回目の手術の担当のT先生にお礼を言いにいったのですが、その時にT先生は「もう恵子ちゃんの心臓に手をいれるのはやめにしましょう。なんとか肺動脈は通りましたから。これ以上、恵子ちゃんの身体にメスを入れるのはかわいそうです……」とおっしゃいました。それからしばらくして、何回目かの入院のときT先生が「恵子ちゃんは太鼓や踊りをやるそうですね。もしビデオにでも撮ってあるのでしたら見せていただけませんか」と言いました。

私は早速ビデオをT先生にお渡ししました。T先生はそのビデオを看護婦さんやみんなで見たそうです。みんな涙を流しながら「あの恵子ちゃんがね……」と感心していたといいます。中でもT先生は自分のお孫さんを見ているように「恵子、恵子」と言って見てたそうです。そんなことがあってからしばらくして、慶応病院の内科の先生から電話がありました。「恵子ちゃんの心臓手術をしたいとある先生が言っていますが、どうなさいますか?」と。

私はT先生に「もうメスを入れるのはやめましょう……」と言われていましたので、変だなと思い、「これは喜んでいいことなのでしょうか?」とたずねると、内科の医師は「それはもう喜ぶべきことだと思いますよ。手術をしたいけどいろいろな事情で何年間もできない方もいますし、まして先生方のほうから声がかかるということは、少なくてもいままではありませんでしたよ」と言われたのです。

恵子はすでに三回の手術を経験しています。それもかなりの難手術でした。ですからT先生も「もうメスは……」と言われたのでしょうが、いまになってなぜ「もう一度手術をしよう」ということになったのか不思議でしたが、ある看護婦さんの話しを聞いてわかりました。「先生は恵子の太鼓をたたいているビデオを見て、こんなに楽しそうに生き生きとして太鼓をたたいている……。恵子にもっともっと太鼓をたたき続けてほしい。それには心臓の手術をもう一度やろう」と思ってくださったのではないかと。

四回目の手術は九一年二月に行われました。T先生の執刀で始められた手術は、午前八時半から午後一〇時までかかるという大手術だったのです。手術は成功しました。この手術以来、恵子はめきめきと体力をつけていったのです。

退院後、私は元気になった恵子を連れて病院に行った時、一回目の手術からお世話になったT先生が埼玉の病院に移られたことを知りました。先生は埼玉の病院へ行くことが決まったから四回目の手術をしようと考えられたように思われるのです。そういう意味では恵子は本当に幸せ者です。みなさんの力で「生かされている」ということを、しみじみと感じさせられます。

また、こんなこともありました。九八年の二月に行った五回目の手術の時です。人口血管が古くなったのでそれを換えなければならないため手術をしたのですが、手術をしてから翌日、病院から電話があり、「お母さん、今度いらっしゃる時に太鼓のバチを持ってきてください」と看護婦さんが言うんです。「なぜバチなんかを……」と思い、よくよく話を聞いてみますと、恵子が手術後の管がとれた時に小さな声で言ったそうです。「バチをください……」と。

実は、この五回目の手術は前の年の一〇月に行われる予定でしたが、さまざまな事情で翌年の二月にのびてしまったのです。この手術をやるということが決まる前に、恵子を中心とした舞台をやろうと家族で話し合っていましたので、それならば手術をする前に恵子の舞台をやろうということになり、周りの人たちの協力もあって九月に舞台が実現したんです。これが第一回の「風の祭典——恵子と共に」です。

一四歳になっていた恵子は「手術が怖い」と言って、手術をいやがりました。けれども、人工血管が古くなりその機能が悪化しているのを放っておいたら二年ももたないのです。私は恵子に言いました。「恵子、手術しなければ好きな舞台はできないよ」と。恵子は「手術すれば、また舞台できるの……?」と聞きます。「手術すればできるよ」、「……手術がんばります」と恵子は言いました。

手術室に入る前に私は恵子に言いました。「恵子ちゃん、いい。手術をしている時はお母さんと連獅子を踊っているのよ。連獅子が終わったら次は太鼓をたたいてね……」と。もちろん恵子は麻酔がかかっているからわからないと思うのですが、手術が終わってから翌日には「バチをくだ

小若
小若

さい……」ですよね。おそらく恵子は夢の中で連獅子を踊り、太鼓をたたいていたんですよ。持っていったバチを先生は恵子の枕もとに置いてくださいました。

このように恵子の手術は五回で、病院に入っていたのは延べ八年間ということになります。私たち普通の元気な者でもきついですよね。恵子はわがままもグチの一つ言わなかった。そして、小さな身体でがんばり通しました。

先生はおっしゃいました。「今後、片方の肺動脈が閉じてしまい片肺になる可能性がかなり高いです。そうなったら、遊んでいるときなどに急にたおれることも考えられます」と。私は「先生、これまでのように奇跡って起き続けますよね」と訴えるようにたずねますと、先生は力強く一言「私もそう思います」と言ってくださいました。

また先生はこうも言ってくださいました。「普通なら病気ということで家の中に閉じこめてしまいがちですが、そうではなく、恵子ちゃんが生ある間、よかったと思えるような生き方を家族のみなさんがさせている。心が救われます。これからも舞台を続けてください。恵子ちゃんが舞台で輝くだけでも、多くの人々に勇気を与えてくれるし、障害をもっている仲間も元気づけられると思います」と。

恵子の病気はこれから先、どうなるのかは神のみぞ知る……ですが、その生が認められている間は、恵子の人生に悔いがないように輝いてほしいと思っています。

●第4部●

風の祭典

「風の祭典」は恵子の生きがい

美恵子　私たち夫婦は二人とも芸人ですが、恵子に踊りや太鼓を教えたことは一度もありません。次女の弓子には小学一年の頃から厳しく教えはしましたが、心臓疾患をもつ恵子に関しては「生きていてくれさえすればいい」という思いだけでした。それに身体の筋力が弱くて、自分で立って歩けるようになったのは三歳も終わりの頃です。

ただ、いつもそばに居てあげなければならないのと少しでも恵子といたかったのです。私たち夫婦が公演に出かける時なども連れて歩きました。家にいる時はお弟子さんたちがきて稽古をする。こんな私たち夫婦の姿というか、やっていることを恵子は生まれた時から自然と見てきているわけです。

廣美　うちはこういう仕事をしていますから、発表会の打ち上げ、忘年会、新年会、浴衣ざらいと、お弟子さんたちが集まる機会が多い。歌や三味線、踊りの機会の多い中、恵子がまだ三歳になったばかりだと思うけど、恵子もチョコチョコと踊ったりしている。踊るというよりは手を上にあげて回したり、顔を横にかたむけたりという程度ですけどね。

その姿がまたかわいいんです。周りの人たちが「恵子ちゃん、お上手、お上手！」と拍手をしてくれるまで一生懸命に踊るんですよ。このことが恵子の心の中にやきついたんじゃないかな。「私が踊ればみんなが喜んでくれる」と。

●恵子を舞台にあげてみた。すると……

美恵子　恵子にとって踊りとか太鼓は遊びの一つだったと思うんです。独りで部屋で遊んでいる時も太鼓をたたいて遊んでいましたからね。それにいつも私のそばに居るわけですから、お弟子さんに稽古をつけているのを見ている。そして、その稽古の中身を繰り返し、繰り返し見ているうちに覚えてしまったんですよ。昔の諺に「門前の小僧習わぬ経を読む」というのがありますが、これと同じだと思います。

恵子が初めて舞台に立ったのは三歳一〇か月の時です。東京の浅草公会堂で夫が「本城勝真オンステージ」をやったのですが、その時に恵子は太鼓で出演しました。

夫の舞台が始まったんですが、お客さんの視線は夫ではなく、みな恵子のところに集まっているんです。これは夫もやりにくかったと思いますよ（笑い）。舞台にはライトがあてられるんですが、恵子はライトにあてられてできた自分の影をキョロキョロ不思議そうに見ているんです。そして、影を見ることに夢中になってしまい、バチをポロッと落としてしまったりする。でも夫の歌の間奏で入る太鼓のところになるとちゃんとたたくんです。

自分が太鼓をたたかなくていいときにはバチで遊んでいるので、今度はどうするのかな……と思っているとまたちゃんとたたくので、そんな恵子の仕草に会場はどよめくんですよ。ですから、もう夫の歌や津軽三味線どころの話じゃないわけです（笑い）。

廣美　いや、あの時はやりづらかったね。本当にまいった……（笑い）。僕たち芸人っていうのはお客さんの視線やら反応で、自分自身ものったりのらなかったりするもんでね。のった時は自分のもっている芸以上のことがやれたりするんですが、あの時はお客さんの気持ちは僕のすばらしい歌ではなく（笑い）、みんな恵子にいってしまっている。これが他人の芸人さんならふてくされるところですが、自分のかわいい娘ですからうれしかったですよ。

美恵子　お客さんは感動してくれましたね。「また恵子ちゃんと一緒にやってほしい」という方もいらしたしね。この経験をしてから「恵子を舞台に出すことには何かがあるのでは……」と漠然とではありますが、感じてはいました。

●「風の祭典――恵子と共に」のスタート

美恵子　浅草公会堂でのことがあってからも、恵子に何かを教えたということは全くありません。それまで通り太鼓で遊んでいたり、お弟子さんの稽古を見ていたりという日々でした。でも、ものすごくリズム感がいいな、とは思っていました。

ちょうどその頃、家の近所にもダウン症の子供が何人かいて、そのお母さんたちと話をしている時に、「うちの恵子はものすごく太鼓に興味をもっているし、たたけば上手なのよ。どう、お宅の子もうちに連れてきて太鼓で遊ばせてみたら」ということで、ダウン症の子を集めて太鼓で遊ばせたんです。すると、みんな目を輝かせてたたいている。そして、ちょっとしたリズムならすぐ覚えてしまうんです。これには正直いって驚きましたね。

私のこれまでの経験から言えることは、ダウン症の子には何か特別な感覚というものがそなわっているように思います。まず、リズム感がいいということです。それもかなり速いテンポのリズムを好みますね。ゆっくりとしたテンポのものは苦手かもしれない。次に自分の目で見て覚えることが得意です。口でいくら「あーだ、こーだ」と言ってもダメで、見て覚えていくようです。ですから、もの真似が非常に上手ですね。

恵子は踊りや太鼓の同じビデオを繰り返し繰り返しあきもせずに見ている。そして覚えるんです。ここでおもしろいことは、ビデオを見て覚えるわけですから、すべてが逆になることです。バチをもつ手が逆であったり、踊りの手や足も全く逆に覚えてしまうんです。もう一つ言えることは、簡単なことをやっている時は集中しませんね。すぐどこかに興味を移してあっちへ行ったり、こっちへきたりとしてしまう。ところが難しいことをやらせるとそれにだけ興味を集中しだす。それで、わからなくなってくると「教えてくれ」と自分からやってくる。不思議なもんですね。

ダウン症の子にもいろいろあるから、すべてがそうだとは言えませんが、私がこれまで「太鼓教室」などで接した子供たちの多くは、こういう特徴というものを身につけているように思います。

廣美　僕もそう感じるね。あのリズム感のよさはすごいと思う。僕なんかは下手なプロと組んでやるよりも、恵子と組んでやったほうが合うもんね。これは恵子が自分の子供だからという欲目で言うのではなくて、一人の芸人として見て言えることだよね。これまで恵子と組んで舞台を務めたことは何十回とあるけど、恵子は一度もリズムをはずしたことはないし、まちがって太鼓を打ったこともない。これはすごいことだと僕は思う。やはり、何か特別な才能があるとしか思えない……。

美恵子　恵子が踊りや太鼓を本格的に始めたのは七歳の時だったと思います。先にもお話ししましたが、恵子は五回の大手術を経験しています。四回目の心臓手術はそれまでの中でもいちばん大きな手術で一四時間くらいかかりました。手術は成功し、恵子の体力もみるみるうちについていきました。そして退院です。

この頃から恵子は、私がお弟子さんに稽古をつけているのを、以前よりも真剣に見つめるようになっていました。そして、ある日のことです。お弟子さんの稽古が終わるのを見計って恵子が私の前にチョコンと正座したのです。なんと手には扇子を持ってです。恵子は私に頭を深々とさげているのです。これは「お稽古をお願いします」というあいさつです。お弟子さんが私にする

▲太鼓のバチを手に（八歳三カ月）
◀ミッキーマウスにごきげん（七歳八カ月）

そのあいさつのしかたを真似していたんですね。

恵子はこうすれば「お稽古をしてもらえる」と覚えていたわけです。正直言って、これには驚きました。この日から恵子も私のお弟子さんの一人となったんです。ところが、ほとんどのことは何年間にもわたって繰り返し見ているので身についているんですよ。私が教えることは細部のことばかり。それもお弟子さんたちよりも覚えが早いんです。

この時も感じましたね。「神様というものは一つ取れば、必ず何か一つを与えている」と。恵子は心臓が弱い、体力もない、その分、普通の人よりも覚える時間も短くしているのかも……などと考えたりもしました。

そんなある日、お弟子さんの一人が私に言ったのです。「恵子ちゃんは踊ったり太鼓をたたいたりしている時は、本当に楽しそうです。それに生き生きとしています。恵子ちゃんを中心にした舞台をやってみてはどうでしょうか」と。

私はこのお弟子さんの言葉を聞いて、ハッとしました。「恵子の輝いて生きる人生を」それが舞台と気づかされたのです。私は夫と話し合い、恵子が中心の舞台を家族みんなでやろうと決めました。

やるからには見ていただくお客さんに納得してもらうような芸を恵子もしなければなりません。「障害者だからこのあたりでいいか、障害者だからお客さんも許してくれるだろう」ではダメ。やるからには恵子の出来る最高のものを見てもらわなくてはいけないと思いました。恵子も自分の好きな踊りや太鼓をやって周りの人たちから喜んでもらえるんですから、本当にいやな顔一つせずに稽古を続けました。

私の口から言うのも何ですが、恵子は私のお弟子さんの中でも上位に入るくらいの確かな芸を身につけています。まだまだ私の目から見れば未熟な部分はたくさんありますが、お弟子さんの中から舞台に立つ者を選べと言われた場合、恵子も必ずその中の一人として私は師匠の目で選びます。

●勇気づけられる言葉をいただいて

こうして恵子の生きがいとなる「風の祭典――恵子と共に」はスタートしたのです。第一回は一九九七(平成九)年九月に東京の足立区生涯学習館で行われました。これまでに東京、群馬、秋田、山梨、静岡、広島県の市や町で数十回にわたって開催されてきました。恵子はこの「風の祭典――恵子と共に」の中で、いろいろなことをみなさん方に感じ取っていただきました。その一部を会場にいらした方々のアンケートの中から紹介したいと思います。原文のままです。

今日は、長女の瞳と二人で見に来ました。娘（中二）もダウン症なので、今回の公演をとても楽しみにしていました。恵子ちゃん誕生のご夫婦の話を聞きながら、私も娘が生まれた当時のことを思い出し、涙が止まりませんでした。

「連獅子」は、親の思いが重なり、感動的でした。すばらしい芸術に心洗われました。今後もより一層のご活躍をお祈りいたします。是非、山梨にも太鼓教室を！　恵子ちゃんの笑顔、本当にステキでした。お互いにがんばりましょう。（主婦）

六歳と四歳の男の子の母です。ダウン症という障害をもっている恵子さんを子供にあわせたいと思い参加しました。自分たちと同じ人間であること、障害をもっていても努力すればなんだって乗り越えられるんだということ、その他いろんなことを感じてくれればよいと、きっと小さいながら自分なりに感じとれたのではないかと思います。

子供の親として、斎藤さん夫婦のように子供に愛情をそそげることができるように、よいお手本になってもらえたような気がしました。恵子さんの幸せ応援しています。（主婦）

神様の子供……天使から授かる……、わたしにはよくわからないけれど、健常者と障害者。今まで心のどこかで差別していた気がする。ダウン症だからおどれない、話せないと思っていたけど、今思うとそんな自分がはずかしい。

家族の「愛」があったから、ここまで恵子ちゃんは障害の壁を越えてこられたんだとおもう。あの踊りには大きな感動を受けた！　障害なんて感じさせないような踊りだった。「自分と同じ年の子」という共通点が恵子ちゃんを身近にかんじさせるのかもしれない。

ここまでうまくなるには、人一倍の努力をしたと思う。芸に励み才能を伸ばしつづける恵子ちゃんをみると、自分も頑張らなくちゃ、負けてられないんだと元気づけられました。私は大きくなったら、福祉の仕事や医療の仕事、役に立てるようになりたい。

今日は本当にきてよかったです。感想ではないけれど、スイマセン。

感動をありがとうございました。(高校・女)

感謝の一言です。

現在の親子の愛情の考え方をおしえられます。物をあたえ、何もふじゆうないような世の中で、ほんとうの愛がかけている様に思われます。貴女様、御家族の様な愛情を持って子育をしたら、きっといい世の中になると思います。これからも益々御健勝で各地方においてこの様な公演をつづけてほしいと思います。(68歳・男)

今まで、余りダウン症の子供さんについて関心がありませんでしたが、今回の恵子ちゃんの演ずる姿をみて、私達が過ごした数十年の年をふり返って本当にはずかしくなりました。何も人の心に残るものもなく、又、何もしないできて……。本当に心打たれました。これからもどうぞがんばってください。(男)

障害っていったい何でしょうか？　現在、いったい何を障害と呼ぶのか私にはわかりません。恵子さんの一生懸命な姿に、正常であっても心に障害を持つ人が多くなっている今の世の中、もっとがんばれと、やればできるぞと教えてもらった気がします。

私は小学校に勤務しておりますが、子ども達の心が今、大人社会の影響でどれだけひずんでいるか……考えさせられました。ありがとうございました。（教師・女）

今日は義母にさそわれ、七か月の娘をつれてきました。恵子ちゃんのお母様、お父様のお話を聞き涙があふれました。自分は二五歳ですが、今まで大した病気もせずここまで成長しました。障害を持った人に対しての偏見もあったと思います。自分は何て冷たい自己中心的な存在だったのかと、はずかしく思いました。今日、来た事によって、今までとはちがう気持ちになれる様な気がします。

本当に心をうたれました。（主婦）

感動の一言です。素晴らしい。

我が家にも孫がダウン症で生まれ五歳になりました。生まれた時は、谷底に落とされた様な、子供達夫婦も今けんめいに子育てに夢中になっております。

恵子ちゃん障害を持っていても、素晴らしい御両親のもとで一生懸命に生きてゆく姿、唯、感動あるのみです。大変に励まされ、勇気を与えて頂きました。素晴らしい生き方を教えて頂きました。ありがとう。頑張って下さい。(男)

まだまだたくさん紹介したいのですが、紙幅の都合もありますのでこのくらいにしておきますが、たった六枚のアンケートの答えではありますが、この中に「風の祭典——恵子と共に」の心がほとんど入っていると思います。障害者とは何か？　親子とは何か？　家族とは何か？　子育てとは何か？　健常者とは何か？　そして、生きるとは何か？　などです。

これらの問いに答えるのはみなさん方一人一人です。その答えが他の人と全く違っていてもかまわないと私は思います。他と違うからといって他に合わせる必要はありません。みなさん一人一人が「これでいいんだ」という確信をもってください。そしてそのことによって起きる諸々の責任はみなさん一人一人がきちんと取ってください。決して他のせいにしないことです。私たち家族はそういう覚悟で生きてきましたし、今後もそうやって生きていこうと思っています。

みなさん、「風の祭典——恵子と共に」をぜひみなさん方の町に呼んでください。私たち家族の願いは、日本全国、いや世界の国々で「風の祭典」を一人でも多くの人たちに見ていただくことです。そして、その中から何かを感じとってください。よろしくお願いいたします。

「風の祭典」の目指すもの

美恵子　ここで「風の祭典」という名称をなぜつけたかについて少しお話しします。恵子が通っていた養護学校の保険業務を担当していたT生命の岡崎さんという人がいました。この岡崎さんが会社のパンフレットに「こういうボランティアをやっています」という欄があるから、もし何かあれば紹介しますよ、ということで恵子の舞台「恵子と共に」のことを話したんです。

岡崎さんは「それを紹介しましょう」ということで舞台の内容については私のほうで書いて送ったんですが、パンフができて送られてきたのを見ると「風の祭典――恵子と共に」となっていた。これは岡崎さんが「何かさわやかそうだから……」ということでつけてくれたそうですが、私もその時はただ「あー、いい名前ね」くらいの気持ちで、その意味づけみたいなことはあまり考えませんでした。

少し余裕が出てきた時に「風の祭典」というネーミングについて考えてみると、これがなかなかいい名前なんですね。私たち家族が願っていることが「風」という文字の中にすべて入っているような気がするんです。風というものには「おだやかで気持ちのいい風」もあるし、時には「嵐のような強く厳しい風」もある。それに植物の種子などを運ぶ「生命を運ぶ風」もある。なんといっても、風には国境もなければ、民族の違いや障害者とか健常者というような境もない、みな同じ風を意識し感じるだけです。

それに、風にはこれといった形などありませんよね。ですから、見てくれでごまかされたり、それによって評価されることもない。無色透明で形がないけれど私たちは風を肌で感じることができるわけです。これは太陽も同じですし、海なんかも同じだと思います。いくら科学が進んでも風でも太陽でも海でも地図上などに線は引けても、実際に境をつくることなんてできっこない。

そうやって考えると岡崎さんがつけてくれた「風の祭典」というのは、まさにグッドネーミングなわけです。これからもこの名前を大切にしていきたいと思います。

●子供たちが輝く場、それが「太鼓教室」

廣美　恵子を舞台に立たせることについて「障害者を見せものにしている」とか「食いものにしている」ということを口にする人が中にはいるんです。僕なんかこういうことを言う人は逆に「かわいそうだな……」と思ってしまう。

でもね、そういうことを言われるのは恵子に失礼だから適当な舞台はできないわけ。見にきてくれるお客さんに「あ〜、よかった。感動した。元気づけられたし勇気も出てきた」と思われる

ような舞台にしないと。それでこれは片手間で会社務めと舞台の両方をやるのではいけないという
ことで、恵も弓子も会社を辞めて「風の祭典」一本にかけているんです。これは経済的にもかなりしんどい。でもそのしんどさをみんなで助け合ってやっていけばそれなりにやっていけるもんなんです。ましてや家族なんだから、どうにでもなるわけ。

こういうふうに家族が一つになれるのは、やっぱり恵子のおかげなんだと思う。このことをたくさんの人たちに知ってもらいたい。そして、うちと同じく家族が一つになって生きていってほしいと思っているんです。子供たちにはいろんな才能がある。これは障害をもった子も健常な子も同じだと思う。それを見つけ出してあげる手助けをするのが親なんだと思うね。

そこで女房と相談して、一人でも多くの子供たちに太鼓の楽しさを知ってもらおうと、子供たちの「太鼓教室」をやり始めたわけ。その他にもいろいろなことがあるんだろうけど、僕たちが教えてあげられることは、太鼓と踊り、津軽三味線、民謡くらいしかないから。その中でもいちばん手軽にできるのは太鼓だからね。

美恵子　私は子供を育てるには、やはり「環境」というものが大切だと思うの。この環境というのはお金をかけてどうのこうのということではなく、子供にいろんなチャンスを与えてあげるという、そういう環境が大切だと思う。

試してみる前から「障害者には無理……」とあきらめてしまう親御さんがたくさんいると思う。ですから、お子さんにいろんなチャンスを与えて試してほしいんです。その一つとして私たち

◀太鼓の練習に夢中な仲間たち

▼皆賀授産所の仲間たちの太鼓（「風の祭典」）

は「太鼓教室」をやっているんです。親子で一から始めて一人前となり一人立ちしていきます。親子でやることに最初はとまどっていた親御さんが、いつの間にか子供そっちのけでやる。その親御さんは輝いていています。これが大事なのです。

恵子の「風の祭典」を見にいらしてくれたお客さん、特にダウン症の子をもった親御さんがよく口にすることに「恵子ちゃんは特別」というものがあります。「恵子ちゃんの親はこういう世界の人なんだから、恵子ちゃんは特別なんだ」とね。確かに恵子のもって生まれた資質もあるでしょうし、恵子自身の努力もあるでしょう。だけど、それらのものも環境があってこそ開花するのであって、やはり環境のあり方によって、子供というものはよくもなり悪くもなると思うんです。このことは恵子を育てていて、つくづく感じますね。

ですから、私はどの子にも環境を与えてあげて、いろんなチャンスを与えたいと思っている。そうすることが「環境が大切だ」ということの実証にもなるんです。それが「太鼓教室」なんです。恵子も独りでやるより仲間がたくさんいたほうが楽しいし、励みにもなる。それに何といっても「人との交流」が恵子たち障害をもつ子供には必要なんです。

まずチャンスを与えるという環境をつくることです。それを親が「うちの子にはできない……」と試す前から決めてしまう。親御さんの考えている「できない……」は、「うまくできない」ということ。私は何もうまくできなくてもいいと思うんです。下手くそでいいんです。うまくなるかどうかは、そのやっていることに子供が興味をもてるかどうか、そして子供なりにどれだけ努力するかなんです。

親はそのチャンスを与えてあげて、あとは子供を見守ることです。決して「もっと上手になってほしい」と干渉してはいけない。干渉を少しでもした時から、子供がやっていることは子供のものではなく、親のものになってしまうんです。これはいけません。子供を見守るという姿勢は、子供の「身を守る」ということです。これが親の本当の愛情ではないでしょうか。

いま「太鼓教室」は群馬、東京、静岡、広島でやっています。静岡県の浜松市で「太鼓教室」をやる際に、こんなことがありました。「風の祭典――恵子と共に」を浜松で開催しました（一九九九年一〇月三日）。会場は浜松市福祉文化会館です。公演後、浜松のダウン症協会の会長さんにお会いしたのですが、「斎藤さん、私は間違っていました。この公演は〝うちの恵子はすごいでしょ〟ということを見せるための舞台だと思っていました。ですから、私は見に行きませんでしたし何の関心も示さなかったんです。そんな小さな心で恵子ちゃんの命をかけませんね。一番応援しなければならない私が足を引っ張っていました」と。そこで太鼓教室のお話しをさせていただき希望者をつのったのです。

廣美　会長さんとの話の中で「まず親が変わらなければいけない」ということが話し合われた。親御さんは子供が生まれるまでは健常者で、障害をもった子供が生まれてくると親も心に障害をもってしまう。これではいけない。どんなことがあっても親は健全な心をもっていなければいけないんです。

でもね、心に障害を一度もった経験のある親御さんが健全な心に戻ったら、これは強いんです。健常が当たり前としか思っていない人と、健常が当たり前でないことを知った人とでは心の豊かさ、広さがまるで違う。これは貴重な財産なんですよ。ですから、障害をもった子供をもつ親御さんは自分も「障害者」にならずに健全な心で子供を育ててほしいと思うんです。

美恵子　どこの「太鼓教室」でもみんな楽しそうにやっていますよ。この教室は障害をもった子供たちだけを対象にしているわけではありません。普通の子供もきています。これが大切なんです。いま盛んにバリアフリーということが言われていますけど、その中身の大半はハード面のバリアフリーですよね。障害者用のスロープ、トイレ、エレベーターなどが主なものですが、確かにハード面でのバリアフリーも重要です。でも、いちばん重要なのはソフト面、心のバリアフリーだと私は思います。

心のバリアフリーをやるにはできるだけ先入観の少ない子供の時期がいい。障害をもった子供と一緒に遊んだり勉強したりする中で子供たちは自然となじんでくるんです。そして、子供たちで助け合い、補い合いながらちゃんとやっていく。障害をもった子供と接したことのない子供は、大人がいくら口で「差別をしてはいけない」とか「みんなと同じ」などと言ってみたところで意味がないと私は思うんです。ですから、障害の程度にもよりますが、もっともっと障害のある子を普通学級に入れるべきなんです。そういう考えがありますから、私たちのやっている「太鼓教室」は障害があろうとなかろうと、みな一緒に練習しています。

●子供たちの「自立」の一助になればいい

美恵子　行政がなっていない、国の福祉政策がなっていないと、いくら言ってみても何も変わりません。まず私たち一人一人が夢の実現に向けて動くことです。そういう意味において「太鼓教室」は大切な足場なんです。

いま私たちは指導者を養成しています。障害をもった子の中から太鼓や踊りの上手な子を教える側にするんです。そして教室をやってもらう。収入は少ないでしょうが、これは立派な自立です。私たちはそれを裏からサポートするだけにしたいんです。これを全国に広げていきたいと思っています。

廣美　子供に芸事を教えるには、できるだけ小さい時のほうがいい。「うちの子はまだ小さいから……」ではなく、まず親御さんがやってみることです。初めは子供は一生懸命にやっている親を見ているだけでいいんです。そのうちに恵子じゃないけど、自分のほうから自然とやり始める。これがいちばんいい。これは「太鼓教室」だけのことではないですよ。あらゆることに言えると思う。前にも話しましたが、チャンスをできるだけ多く与えることと、その環境をつくることが大切。まず親が変わることです。

「風の祭典――恵子と共に」を広島でやってみて

実行委員長・末岡幸子

恵子ちゃんのお母さんと私が知り合ったのは本当の偶然なんです。私は広島で洋服店をやっているのですが、その仕事の関係で東京へもよく行っていました。たまたま美恵子さんとお話をする機会がありました。話をしているうちにほかの方とはちょっと違ったものを感じました。非常に前向きで、しっかりとした考え方をされていた。そのことが頭の中にあって「もっとゆっくりと彼女と話をしてみたい」というものがあった。そうしているうちに二人だけでゆっくりと話をする機会がめぐってきました。

美恵子さんのお子さんがダウン症であること。そのお子さんと共に「風の祭典」ということをやっていることなどを話してくれました。私の父と母は養護学校に勤務していたことがありましたから、「障害者」ということにあまり抵抗のようなものはなかったんです。それに、私の娘と同じクラス（小学校）にもダウン症のお子さんがいて、娘と仲良しだったということもあり、恵子ちゃんの話を聞いても余り驚きませんでした。

また、娘が通っている「ピアノ教室」にも小児麻痺の方がいて、この方はいすに座ることもできないのに、一生懸命に鍵盤をたたいているんです。その姿をお母さんがジッと見守っている。私はその時に感じました。「親が前向きなら子供も前向きになる」と。

●「広島でもやってみたい」の私の一言で……

美恵子さんの話を聞いているうちに、私は軽い気持ちで「その『風の祭典』を広島でやってみたい……」と言ったのです。すると美恵子さんは「どこにでも行きますよ。ぜひ広島に呼んでください」とニコニコしている。どこにでも行きますと言われても、私には組織もなければ経験もないわけで、軽い調子で言ってしまった自分の言葉に後悔しましたよ（笑い）。

これが広島で「風の祭典」をやる一年半前のことです。それからしばらくして美恵子さんから「風の祭典」のビデオが送られてきたり、何か公演のようなものがある時には必ず知らせがくるんです。そんなある日、『週刊女性』に恵子のことが載るから読んで」と連絡があり、雑誌を買ってきて読みました。読みながら「恵子ちゃんも家族みんなもすごいなあ……」などと感心しながら読み進んでいくと、文章の最後に「広島市での公演予定あり」と書いてあるんです。この文字を見た時、私の心臓はバクバクと音を出していましたね（笑い）。

この十一文字は私に広島で「風の祭典」をやれって言っているんだと思いました。美恵子さんは名プロデューサーですよ（笑い）。それで私は覚悟を決めました。やるからにはたくさんの人にきてもらい、「風の祭典」の心を知ってほしい、と。そこでまず人を集めるにしても具体性がなければ人を説得できないと思い、会場を最初に決めることにしました。それも五〇〇人くらいの小さなホールではなく、一二〇〇人近く入れる大ホールを借りることにしたのです。

そして広島市の中区にあるアステールプラザ大ホールを借りることができました。これで公演日は二〇〇一年三月二〇日と決まりました。この会場が決まるに際して、奇跡が起きました。三月二〇日は「春分の日」で祝日にあたります。ところが、そのほかの日はみなふさがっているのに、何とこの日だけがポッカリとあいていたんです。それも祝日なのにですよ。これはもう、神様の仕業としか考えられませんよね（笑い）。

次は組織をつくることです。私は会社の経営みたいなことをやっていますが、こういうのは初めてです。何をどうしていいか全くわからない。そこで「知らないことは知っている人から聞くのが一番」と思い、市の福祉関係の人のところにおじゃまをして、いろいろとアドバイスをしていただきました。その方が「社会福祉協議会の〇〇さんを訪ねて相談するといい」と言うと、すぐにその方をお訪ねし、またそこで「市の福祉課の〇〇さんなら協力してくれるかも……」と言うと、すぐ訪ねる。

これを幾度となく繰り返しているうちに、気がついてみると地域の人たちのボランティアをはじめ、広島市の福祉関係の方々の協力などによって、約一〇〇人くらいの組織ができあがっていたんです。これには私もビックリでした。人間やればやれるもんなんですね。さて次はＰＲです。せっかく会場も決まり、運営するボランティア組織もできたのに、その公演が行われることを知らなければ誰一人としてくることはできませんよね。そこで新聞社とテレビ局におじゃまをして、こんな公演があるということを報道してほしいとお願いしました。

このお願いする際に大切なことは、やはり具体性のある資料を持っていくということです。言葉でいくら説明してもあまり効果というか与えるインパクトが大きくはありませんが、恵子ちゃんのビデオや雑誌の記事などを持っていって説明をすると効果は倍になります。おかげさまで、新聞各社、テレビ局各社が報道してくれました。おかげさまで一二〇〇枚のチケットは一か月前に完売しました。

●「風の祭典」が広島に残してくれたもの

「風の祭典」は絶対にいいんだ、見た人は絶対に感動するはずだ……という信念があった。ですから、人に頼むにしても私の熱意がその人に伝わったと思うんです。これは「恵子ちゃんのためにやってあげているんだ」という気持ちではおそらくダメだったでしょうね。「私自身のためにやるんだ」という気持ちがみなさんを動かしたと思うんです。

当日は開場の三時間くらい前から長蛇の列ができて、開場時間の前に入場していただくほどでした。前売チケットは全部完売していましたので、当日いらした方に帰っていただくのは申し訳ないと立ち見をお願いして入っていただいたほどの盛況でした。それに広島市長が多忙の中、急遽駆けつけてあいさつまでしていただきました。秋葉市長は「恵子ちゃん、素晴らしい舞台をありがとう」と感激していらっしゃったのが印象に残っています。市長さんとか議員さんというのは選挙の票のことがありますから、こういう場にはよく顔を出すことがあるんですが、秋葉市長はそうではなかったですね。本当に感激されていたし、秘書の方が「時間がないから早く帰りましょう」という仕草で腕時計をさし示したりしているんですが、市長は舞台を最後まで見ていました。

このようにして広島公演は無事に終わることができたのですが、私事で大変に申し訳ありませんが、私のこのような活動に対して文句の一つも言うことなく支えてくれた夫や娘、そして私の兄弟やその家族のみなさんに、この場をお借りして感謝の意を表したいと思います。本当に半年間近くにわたってありがとうございました。心より感謝しております。

「風の祭典」は広島に住む私たちの心に、いろいろなものを残してくれました。それは人によって受け取り方がそれぞれ違うでしょうから、一概にこれこれとは言えませんが、私の心に深く残ったことは「家族の絆」ということと「社会のあり方」ということですね。

美恵子さんがいつも口にされることですが、「親の考え方一つで子供は生かされる」ということです。先ほどもお話ししましたが、親御さんの前向きな姿勢が大切なんです。親が後ろを向いて

▲「風の祭典」広島公演のかけつけた秋葉広島市長

◀お母さんと連獅子を舞う恵子

被害者のような顔をしていたなら、子供も後ろを向いて暗い顔になります。要は親御さんの考え方一つで、斎藤さん一家のように前向きな生き方ができますし、障害をもった子でも輝くことができると思います。

ですから、障害をもったお子さんの親御さんはもっともっと外に出るようにしてほしいと思います。そうすることによって私たちもいろんなことを学ぶことができますし、そのことによって社会も少しずつ変わってくると思うんです。このことを私たちは広島で実践していかなければ恵子ちゃんに申し訳ないと思う。「風の祭典」を見て、その時だけ「あー、よかった、感動した」ではなく、「風の祭典」がそれぞれの心の中に残してくれたものを、少しずつでも確実に実践していくことが、恵子ちゃんや斎藤さん一家、または舞台に参加してくれた多くの障害をもつ人たちへの感謝の言葉になると思うのです。

全国のみなさん、「風の祭典」をぜひ一度ご覧になってください。何か新しい世界というか、いままでと違うものの見方・考え方ができるようになると私は確信しています。

◎「風の祭典　恵子と共に」活動経過と計画

平成九年「風の祭典　恵子と共に」東京・足立区生涯学習館にて公演
平成一〇年「風の祭典　恵子と共に」

八月二三日／東京かめありリリオホールにて公演
一一月／群馬・国立コロニーのぞみの園にて公演
九月／テレビ東京「ナビゲーター98」にて放映
平成一一年「風の祭典　恵子と共に」
三月七日／秋田・本荘市文化会館にて公演
四月四日／群馬・藪塚本町文化ホールにて公演
「風の祭典　恵子と共に」チャリティーショー
七月七日／秋田・秋田市文化会館にて公演
秋田赤十字乳児院へ寄付
七月一一日／秋田・本荘市文化会館にて公演
本荘通所福祉授産所へ寄付
九月二二日／東京・かめありリリオホールにて公演
デイケア施設らいぶへ寄付
社会福祉法人　東京都知的障害者育成会へ寄付
九月二三日／山梨・甲府市総合市民会館にて公演
甲府市役所へ寄付
社会福祉法人　穴山の里へ寄付

一〇月二日／秋田テレビ『クボタ民謡お国めぐり』出演
一〇月三日／静岡・浜松市福祉文化会館にて公演
浜松市友愛の福祉基金へ寄付

平成一二年
二月／天使からの贈り物　和太鼓教室設立（浜松市百貨店）
五月二八日／群馬・笠懸野文化ホール（PAL）にて公演
後援／群馬県・群馬県教育委員会・笠懸町・笠懸町教育委員会・（福）笠懸町社会福祉協議会・群馬テレビ・上毛新聞・日本ダウン症協会
寄附／笠懸町社会福祉・桐生手をつなぐ親の会（広沢作業所）・ダウン症協会東毛地区ステップサークル薮塚本町福祉作業所しゅんらん
六月一七日／浦安・WAVE101大ホールにて公演
後援／浦安市・浦安市教育委員会・浦安市社会福祉協議会
八月二六日／東京・かめありリリオホールにて公演
後援／東京都・東京都教育委員会・葛飾区・葛飾区教育委員会・（福）葛飾区社会福祉協議会・東京新聞・葛飾エフエム放送・日本ダウン症協会
寄附／葛飾風の子クラブ・葛飾区手をつなぐ親の会
九月一七日／浜松・アクトシティ浜松大ホールにて公演

後援／浜松市・浜松市教育委員会・（福）浜松市社会福祉協議会・中日新聞東海本社・静岡新聞社・SBS静岡放送・テレビはままつ・日本ダウン症協会
寄附／浜松市・ダウン症の会浜松グループ・浜松いのちの電話光の園・魅惑的倶楽部
一〇月七日／目黒・目黒警察署　地域安全の集いにて公演
一〇月二一日／葛飾・葛飾区産業フェア　出演
一一月／天使からの贈り物　民謡民舞教室設立（浜松市可美）

平成一三年
一月／天使からの贈り物　和太鼓教室設立（磐田市）
二月四日／江戸川・小岩アーバンプラザ　ホールにて公演
三月二〇日／広島・アステールプラザ大ホールにて公演
後援／広島県・広島県教育委員会・広島市・広島市教育委員会・広島市社会福祉協議会・広島市社会福祉事業団・広島市ＰＴＡ協議会・広島市子供連合会・広島県手をつなぐ育成会・広島市手をつなぐ育成会・中国新聞社・ＮＨＫ広島放送局・中国放送・広島テレビ・広島ホームテレビ・テレビ新広島・えんぜるふぃっしゅ・日本ダウン症協会
寄附／広島市・広島県手をつなぐ育成会・広島市手をつなぐ育成会・友和の里・えんぜるふぃっしゅ・ほほえみ作業所
五月／天使からの贈り物　和太鼓教室設立（浜松市ゆたか緑地）

六月／天使からの贈り物　和太鼓教室設立（広島市）
六月三日／福井・福井県障害児・者及び親の会連絡会総会に出演
八月一九日／東京・葛飾区シンフォニーヒルズにて公演
後援／東京都・東京都教育委員会・葛飾区・葛飾区教育委員会・葛飾区社会福祉協議会・葛飾区倫理法人会・ＴＢＳ・読売新聞社・葛飾ケーブルネットワーク・葛飾エフエム放送・日本ダウン症協会
寄附／葛飾かぜの子クラブ・葛飾区手をつなぐ親の会
一一月／天使からの贈り物　和太鼓教室設立（江戸川区）
一二月二二日／東京・すみだリバーサイドホールにて公演

平成一四年
五月二六日／山口・下松市スターピアにて公演
六月二日／広島・広島市アステールプラザ大ホールにて公演
七月二八日／群馬・桐生市シルクホールにて公演
一〇月一三日／東京・葛飾区シンフォニーヒルズにて公演
一一月九日／静岡・浜松市福祉文化会館にて公演

◎事業概要

名　称　風の祭典　天使からの贈り物
目　的　日本の伝統芸能（津軽三味線・和太鼓・民謡民舞・日本舞踊）の教室を全国展開し、共に生きる社会を実現してゆく
一、ハンディのある人、ない人、大人も子供もこの教室を通して、勇気　努力　思いやり　優しさ　命の尊さ　生きることのすばらしさ　を共にわかち合い、お互いを認め助け合うなかから、命の原点である家族の強い絆　地域の絆　明るく住みよい社会の絆へと広がる第一歩とする
二、各地にサークルをつくり、みんなの力で共に生きる社会を実現してゆく
三、全国大会を開催し、優秀なチームは全国チャリティー公演をしている「風の祭典　恵子と共に」の舞台に出演する
四、指導者及びプロの育成をし、世に羽ばたくチャンスを与えてゆく

出演者

本城勝真（斎藤廣美　　恵子の父）
柏穂藤雪（斎藤美恵子　恵子の母）
斎藤恵子
柏穂藤月（斎藤　恵　　恵子の姉）
柏穂藤花（斎藤弓子　　恵子の姉）

斎藤光司（司会　　恵子の兄）

『生きることは　表現すること！』

事務所

「風の祭典　天使からの贈り物」代表　斎藤　美恵子

住所　〒一二五-〇〇三二　東京都葛飾区西水元二-一五-一九

TEL〇三-三六〇九-一四五一　FAX〇三-三六〇九-一四七七

http:www09.u-page.so-net.ne.jp/bj8/kaeru/

指導者

津軽三味線　　東芝EMI

民謡　　本城　勝真

日舞・民舞　　柏穂　藤雪

柏穂　藤月

柏穂　藤花

和太鼓　　本城勝真・恵子と柏穂連

真の福祉を目指して

美恵子　最近よく使われる言葉に「障害者との共生」というものがあります。これは大変に素晴らしいことだと思いますが、この「共生」の主役は健常者ではなく、障害者とその家族であるはずです。往々にして健常者が主役の福祉が行われがちですが、それは違うと思うのです。

障害者が主役の真の「共生」を実現させるには、障害者をもつ親御さんがリーダーとならなければなりません。自分たちは経験者なんですから。障害者をもつすべての親御さんの意識が変わったなら、「共生」を目指す障害者福祉はできると私は思っています。障害者は「保護してあげなければならない弱者」として見られていますが、身体的にはみなさんの手助けが必要です。でも精神的な部分では強さをもち健全なはずです。その精神的なものと肉体的なものを一緒にして弱者とした接し方の福祉が続く限り、真の「共生」などいつまでたってもやってこないと思うのです。彼らを支えてくれるのが健常者であるべきなのです。そのためにも「障害」と「健常」の二つを学んだ人はプライドをもち、学んだことを与えていく。肉体的に支える人も未知の世界の障害者の心を学ぶ、これができた時、本当のバリアフリーも可能でしょうし、真の「共生」もできると私は思っています。

障害をもたれた方々やその家族の人たちが、自分たちを弱者と思うと、「やってもらうのが当たり前」という気持ちになってしまわないかと思うのです。「やってもらって当たり前」という姿勢が身につくと感謝の気持ちがうすれていきます。ボランティアの人が一生懸命にやってくれることに対しても「健常者がやってくれるのは当たり前」となる。このような姿勢ではボランティアをしてくれる健常者の人もあまりいい気持ちはしませんし、いつかはやめてしまうでしょう。私たちは「当たり前」意識を捨て去って、感謝の心を常にもっていなければならないと思うのです。

このような気持ちさえあれば、お互いに感謝し合えるし、真の「共生」とは何かも学び合えると思います。これができれば障害者と健常者は本当の意味での「対等」な関係になれるのです。私はこのことを実現するための一つとして「太鼓教室」をやっています。まず親御さんが率先して何かをやるといいと思います。それが太鼓でも、絵画でも、陶芸でもいい。そして、その場に子供を一緒に連れて行ってください。子供は親御さんのその姿から、必ず何かをつかみとります。これはうちの恵子が実証していますし、「太鼓教室」にきている親御さんもそうです。まず、外に出ましょう！

●学びに障害も健常もない

廣美　「風の祭典」をしていて感じるのですが、よく「障害をもっているので無料ですか?」という問い合わせがありますが、それは甘えからくるものだと思いますよ。それに参加するほうだっ

▲天使のかっこうをしてニッコリの恵子（16歳）

て真剣さというか、それに向かっていく迫力が違う。「どうせただなんだから……」という気持ちになってしまう。だから僕たちは担当者に言うんです。「それは違いますよ。何でもかんでも無料でやるからおかしくなる。やる側は〝これだけやってやっている〟という意識も強くなるし、やってもらう側も〝どうせただなんだから……〟といういい加減な気持ちで参加することになる。お金を取るべきでは……」とね。

それに、「風の祭典」を養護学校でという話だけれど、それはそれで意義はあるだろうけど、ちょっと違う。僕たちは障害者を含めた健常者の人たちに見てほしいと思っているからね。どちらかというと健常者が主に見てほしいわけ。舞台を見て健常者の人たちが何かを感じ、それを感じたことによって少しでも変わってほしいと願っている。

美恵子　人間というものは「自分で生きている」んじゃなくて、「人に生かされている」と考えるべきです。ですから、どんな人にもそれぞれ役目があるんですよ。私には子供を育てる役目があるし、恵子には周りの人たちを高めるという役目がある。私たち家族には恵子から学んだことを世の中の多くの人たちに伝えていくという役目があるし、世の中の健常者の人たちは障害者を温かく見守るという役目があるんです。

養護学校で「風の祭典」をやってほしいという話にしても、養護学校の子供たちに見せて楽しませることも大切だけれど、世の中の人たちの意識を変えてバリアフリーを実現するのは彼らではないんです。健常者の子供たちがこれから世の中を変えていくんですから、普通学級の子供たちに見てもらい、障害者との「共生」ということをわかってほしいんです。

私たちが本当に見てほしいのは小学生、中学生、高校生、大学生、これから結婚する若い人たちなんです。この人たちの意識が変わることが特に重要なんです。これをいくら教育委員会や福祉関係の人に言っても、なかなかわかってもらえない。「障害をもった恵子の舞台だから障害者のいる所へ」という短絡した考えしかできない。これはいろんな市町村で味わいましたね。

●知ろうとする心の大切さ

美恵子　恵子は入退院を繰り返していましたので、養護学校には行ったり行かなかったりという日々でした。恵子がいつどうなるかという不安もありましたし、学校で勉強をしたり友達づき合いをすることは大事なことだとは思っていましたけれど、私たち夫婦の仕事は芸人ですから、地方に公演に行ったりと普通の家庭のようにはいかないわけです。それで恵子を連れて公演などに行っていました。
ある日、養護学校の先生が「お母さん、それだけ仕事、仕事って言われるのなら施設に入れたらどうですか?」と。先生にしてみれば、学校に通わせないことが粗末な育て方と思っていたんでしょうね。先生は悪気があって言っているのではないことはわかりますが、私としては悲しかったですね。

私は夫と話し合って、先生も恵子のことを思って言ってくれているのだから、できるだけ行かせようと恵子を学校に通わせることにしました。そしたら、またまた問題が起きたんです。恵子が養護学校で男の子に「チュー」をしたと先生から電話があり、恵子を先生が叱ると吐いていま保健室で寝ているから迎えにきてほしいと言う。学校に迎えに行ってみると先生は「チューをしたのできつく叱りました」と言う。私はそれで吐いたんだとすぐわかりました。恵子は怖い目にあうと吐くんです。私は先生に言いました。「恵子は言えばわかります。例えば、チューをするのはお父さんやお母さん、それに兄弟だけよ。よその子は握手がいいのよと言っていただければ、ちゃんとわかります」と。

うちには外国の人も踊りを習いにきていますから、その外国の人が「ケイコチャン、カワイイ……チュッ」なんていつもやっていたし、うちの家族はいつもチューをしていますから恵子は「かわいいと思った表現手段としてチューをするもんだ」と思ってしまっていたんですね。決していやらしい気持ちでやったんじゃないんです。ちょっとその子の心の中を見てみる、知ろうとする心があったらと思います。私は養護学校の先生ほど大変な仕事はないと思っています。彼らは心の目で見ていますから、要求されることは普通学級の先生の何倍ものものですから。

廣美　それでまた恵子を学校に行かせなくなった。先生は「恵子ちゃんはいま伸び盛りだから字を覚えさせなければいけない。字を覚えればきっとよくなります」って言う。そしたら女房は「恵子にとって何が一番大事なの？」と言い争いですよ（笑い）。女房は決して障害児に字を教えても意味がないと思っていたんではなく、学校のあり方に不満をもっていたんですよ。
何でもかんでも「普通の子」になるためだけの勉強のしかたにね……。もっと大事なものが障害児にはあるんじゃないかという女房なりの考え方ね。でも、けっきょくはまた学校に通わせましたけど。恵子を学校に連れて行ったり迎えに行ったりは、私たちが仕事でいない時は姉や兄が交代でやっていました。

美恵子 いろいろなことがあったんですが、恵子は半年間、休むことなく学校へ行きました。そんなある日、お弟子さんの一人が私に言うんです。「先生、これは余計なお世話かもしれませんが、恵子ちゃんを養護学校へ行かせないほうがいいんじゃないですか。学校へ行っていると恵子ちゃんの顔がだんだん〝障害児の顔〟になっていくようです」と。これには驚きましたね。私たちは毎日見ているからそんな変化には全く気がつかなかったんですが、たまに見るお弟子さんにしてみればその変化がよくわかるんですね。

お弟子さんに言わせれば、以前の恵子はもっと生き生きとしていたと言うんです。それでよくよく見ていると、確かにそうなんです。この微妙な変化を言葉にするのは難しいんですが、ふざける時も顔を変に歪めて「エエエッ」とかやる。それまでそんなことをしたことがないのにです。私は恵子が誰かの真似をしていると思い、「恵子、いまの誰の真似なの?」と聞くと「○○君」と言う。それで、「そう、○○君なの。でもね、○○君はそういうふうに真似されると悲しいと思うよ。だからやめようね」と話しました。

だからといって、私は養護学校はダメだと言っているわけじゃないんです。私は養護学校には養護学校としての特色あるやり方があってもいいのではないかと言っている。算数や国語も大切でしょうが、もっといろんなものがあり、その中で子供にあったものを見つけて伸ばしてあげることが、この子たちにとっては必要なんではないかと思うのです。

いま文部科学省が「二十一世紀の特殊教育の在り方に関する調査研究協力者会議」という名前の組織をつくって、これまでの障害者への「分離教育」を緩和して、障害児もできるだけ普通学級に入れようという動きがでていると聞きました。特に知的障害の程度によってそれを促進しようという試みのようですが、これには賛成です。ところが一方で反対の声もあります。反対する人たちの危惧するところは、「障害児、特に知的障害をもった子供を普通学級に入れ、健常児を一緒に勉強させることによる健常児の学力低下」の問題です。勉強のレベルをどこに合わせるのか……ということでしょうが、何も同じ学級で勉強しなくても習熟度によって毎時間クラスを変えればいいのではないでしょうか。心を育てる時間やお金は惜しんではいけないと思うのです。

健常児だって算数の得意な子もいれば苦手な子もいるわけです。これをゴチャ混ぜにして算数の得意な子供に授業のレベルを合わせるからおかしくなると思います。勉強についていけない子供は暇になりますから自然と遊んでしまう。これが「学級崩壊」につながるような気もします。

ですから、学級は同じでも授業時間はそれぞれの理解度に合わせてバラバラになればいいと思います。授業が終わったらみな学級に帰ってきてホームルームでいろいろな話し合いなどをすればいいんじゃないですか。そうすれば学力低下なんてことは関係なくなります。勉強が好きな子供はどんどん勉強して、好きな勉強で伸びていけばいい。絵の好きな子は絵で伸びていけばいいんです。それを平等ということでみんな同じにしようとするからおかしくなるんです。私は平等とは「お互いを認め合うこと」と解釈しています。みなさんはどう思われますか。

健常児の中に障害児を入れて学ぶことのメリットについては、これまでもお話ししてきましたからここでは省きますが、障害をもつ人を見て珍しがるようでは「共生」などありえないと思います。それに、普通学級に障害児を入れるのは「障害者を差別しないため」ということだけではなく、「障害をもった人から学ぶため」でなくてはならないと思います。「入れてあげる」ではなく「ぜひ入って学ばしてください」という姿勢が大切ではないでしょうか。

障害児をもつ親御さんはご自分が輝いてください。ご自分のすばらしさを表に出してください。親が輝いたなら子供は輝きます。彼らも彼らのもっているすばらしさ、可能性を発揮します。

●第5部●

〈特別座談会〉

ダウン症児をもつ親の本音

ダウン症児に対する教育の現状

奥野　本日はご多忙の中、本座談会にお集まりくださいましてありがとうございます。先ほどもお話ししましたように、本書の目指すものは、ダウン症そのものを医学的に云々するものではなく、さらに、ダウン症を含めた障害児（者）に対する福祉のあり方、または社会環境（バリアフリー）について云々するものでもありません。その目指すものは「家族のあり方」そのものです。本書の主人公はたまたまダウン症をもった「恵子ちゃん」という一人の少女ではありますが、この主人公を中心に織り成される「家族」の姿は、私たちがどこかに忘れてきた大切なものを思い出させてくれるように思います。恵子ちゃんのお母さんがさり気なく口にする言葉に「この子が生きていてくれるだけで幸せです…」というものがありますが、これは「子育て」の原点だと思います。

そのような意味において恵子ちゃん一家は私たちがどこかに置き忘れてきてしまったいろいろなことを思い出させてくれますし、さらに大切なことを教えてもくれていると思うのです。

さて、本日は四人のダウン症児をもつ親御さんにお集まりいただきましたが、お二人が匿名にしてほしいということですので、ここでは全員を匿名にさせていただきます。なぜお二人が匿名を希望されるかと言いますと、お子さんが通っている学校との関係に支障をきたすおそれがあるとの理由からです。そのこと自体、ダウン症児とその家族がおかれている社会環境がいかに閉鎖的で偏見にみちているかということを物語っていると思いますが、そのあたりのことはお話しの中でも出てくると思いますのでご了承ください。

まず初めにお聞きしたいのは、ダウン症の子供さんがどのような学校でどのような教育を受けているのかということです。

父親A　ダウン症をもった子供は千人に一人の割合で生まれているそうです。いま年間に一二〇万人の子供が日本では生まれていますから、単純に計算すると一二〇〇人くらいがダウン症児として生まれていることになります。これはかなりの数ですよね。これらの子供たちの進路は、「特殊学級」（身障者学級・養護学級などと呼ばれているもの）に五〇パーセント、「普通学級」に三五パーセント、残りが養護学校です。中には障害が重なっていて目が見えないとか耳が聞こえないということで、盲・ろう学校に行く場合もあります。

これを選択するのは親御さんではありますが、いろいろな理由で普通学級から特殊学級に移る人も多い。小学・中学と来て義務教育を終了し、高校になるとほとんどが養護学校の高等部に入ることになります。ダウン症児で普通高校に入る子は皆無に近い状況です。高等部というのは養護学校にしかありませんからね。

父親B　特殊学級の教育は普通学級のカリキュラムとはちょっと違います。例えば、中学になると作業が入ってきます。手作業であるとか農作業であるとか。また、特殊学級でも養護学校でも基本的な学科は教えています。算数・国語・家庭科・音楽・美術などです。しかし、これら学校教育の中でダウン症児だけの教育というものはありません。自閉症児も同じですね。

母親A　小学・中学・高校とわけて話さなければちょっとわからなくなると思うので簡単に整理してお話しします。まず特殊学級・養護学級の小学校段階でいえば、例えば通知表なども普通学級とは全然違います。段階的な評価は一切しません。すべて文章でこと細かに書いてある。また、普通の教科書にそった教育はしません。普通学級に入れば普通学級の教科書で各教科を学ぶことになります。ダウン症児であるからといって特別な手当てはしません。予算がついていないからです。ですから、私たち親側としては普通学級で学ばせたいと思っても「子供がおいてきぼりにされる」と考えてしまいますし、どちらを選択するのかというときに学校側も「特殊学級のほうがいいのでは…」と忠告的に言われるので、どうしても普通学級に行きそびれてしまう傾向はありますね。

母親B　私たち親としては自分の子供が健常な子供と同じく勉強を身につけてほしいとは思っていません。それは無理なことですからね。しかし、学校は勉強だけを教える場ではないと思うのです。ダウン症の我が子は将来的に社会の一員として巣立っていくのです。その時の訓練のためには普通学級で健常者と交流し、それに慣れるということが非常に大切なことだと思うのです。社会性を身につけるという意味でね。この子たちが普通学級に行こうとするのは健常者になろうとしているからではありません。ダウン症という障害をもった人間として社会の中で生きていこうとしているだけです。

奥野　ちょっと粗っぽい質問をさせていただきますが、確かに社会性を身につけるということもあるでしょうが、無理をして普通学級に入れてダウン症の子供に算数や国語を教えることがはたして将来的に有効なことなのかという素朴な疑問があるのです。それくらいならもっと将来役に立つような職業教育みたいなものをやるほうがその子のためになるように思えるのですが、どうでしょうか。

父親A　そのあたりのことになるといろいろな意見があると思います。いま奥野さんが言われたことは特殊教育の考え方ですね。算数を教えるにしても将来のことを考えて実際に買い物などをしておつりの勘定ができるようにさせようとかね。これは養護学校の高等部に入ると顕著です。ほとんどの時間は作業訓練にあてられますから。

　しかし、実際に社会に出たときにこの作業訓練が働くことに結びついているかというと全く逆なんです。つまり、社会性とか友達関係の大切さみたいなものが身についているほうがいい。これらのものを身につけるには、やはり無駄のように思われるかもしれませんが普通学級で健常児と共に学ぶ一般教養というものが必要なわけです。特殊教育はクリーニング屋さんに就職したときのことを考えて、重労働でもジッとがまんして座って仕事をするとか、何か一つのことを黙々とやり通す力を身につけることを主眼においてやっている。これも将来的には必要な教育です。これを批判する気はありません。ですから、普通学級にしろ特殊学級にしろ一長一短なんです。

父親Ｂ　これはダウン症だけのことではないのですが、あまりにも「障害者」という一つの枠でくくりすぎている傾向があります。同じダウン症児でも一〇〇人いれば一〇〇人その障害の程度が違うわけです。ですから知的障害といってもみな違う。普通学級で学んでもなんとかやっていける子もいれば、全くのお客さんになってしまうような子もいるんです。そこのところを判断するのはやはり私たち親だと思うんです。ここで気をつけなければならないことは、子供のもっている可能性を親がつぶしてしまってはならないということです。

母親Ｂ　その通りですね。私自身を返り見ても「これはこの子には無理だわ」と、決めてしまうことが多いんです。でも、本当に無理なことは別としても、そうでないようなことでも親都合で決めてしまっていることがけっこう多いことに気づきます。それはめんどうくさいと思うことであったり、将来の役に立たないというような打算的なことであったりもします。これは反省しなくてはいけませんね。

　恵子ちゃんのお母さんが「風の祭典─恵子と共に」でおっしゃっていたことなんですが、「まずお母さんがやってみることです。そうしたらお子さんもついてきますよ」と言われていました。これは太鼓教室のことなんですが、子供を太鼓教室に入れるのなら、親がまず太鼓教室に入って太鼓を好きになりなさい、ということです。親が楽しく太鼓をたたいている姿を子供が見たなら、子供もやってみたいと思いますものね。

母親Ａ　いま養護学校、特殊学級、普通学級とわかれていますが、私が思うにはこの両者が子供には必要であるということです。子供が子供を教える、学ぶことの大切さってありますよね。乙武さんがいい例だと思います。乙武さんの場合、すべて普通学級・学校ですけれども。よく乙武さんのことを話すとダウン症児をもつ親の方は「彼は頭が普通だから…」と言われますが、知的障害であれ身体的障害であれ同じはずですよね。このことを学校教育という場で実践されるのは先生です。ですから、先生によってすべて決まってしまうんです。

うちの子も普通学級に入りましたけど、子供というものは「白紙」なんだとつくづく思いました。担任の先生が偏見をもっていると子供ももってしまう。うちの子の担任は全く偏見のない方でしたので、周りの子供たちも全く偏見をもたなかった。子供たちにしてみれば「ちょっと動作がのろく、言葉も上手に話せない。字もろくに書けない子」です。ところが、子供たちは気になるんですね。クラスの中でもお姉さん役をやる世話好きな女の子が教え始める。「1+1はいくつ?」などとね。「なんでこんな簡単なのわからないの」と教える。決して意地悪でしているのではないんです。

うちの子は全く字が書けなかったのですけれど、夏休みまでにひらがながほとんど書けるようになったのです。これには驚きました。子供の中にはそういう力があるんですね。このことからも普通学級の大切さというのがいえると思うのです。それに普通学級では一クラス三〇~四〇名の子供がいますからワイワイと活気がある。ところが特殊学級などでは一学年五~一〇人です。いまはどこの学校でも一クラスは特殊学級があります。それも校舎の端っこにあるのが普通です。また、普通学級では二年に一度はクラス替えがありますが、特殊学級にはそれがありません。一度入ったら卒業するまで同じ顔ぶれです。担任の先生も一緒ですから、やる気のない先生に出会ったら最悪です。ですから変化のない世界です。そのよさも確かにあることはありますが、何かもっと工夫はないものかと思うこともありますね。

要するに、いまの教育システムの中ではこの二者の中から一つを選んでくださいとなる。私は先ほどもお話ししましたが、この両者をうまくかみ合わせたシステムができないかという思いがありますね。

父親A　大阪はその点進んでいると感じますね。まだすべてではありませんが、両者に在籍してもよいというシステムを採用しています。本籍と言ったらちょっとおかしいかもしれませんが籍は特殊学級にあるんですが普通学級にも行って学べる。そのときに特殊学級の先生がついていくわけです。ですから、一クラスに先生が二人になる。ところがちょっとおかしいと思うのは、特殊学級からついていった先生は普通学級の子供を教えられないんです。これは制度上の問題ということらしいのですが、せっかくいいことをやっているのにお役所的な縄張り意識のようなものがあるんですね。

奥野　今年の四月から施行される新学習指導要領を見ても、特殊学級や養護学校に対する新しい取り組みはみられません。いまみなさんがおっしゃったような大阪などの試行をもっと拡大して考える必要がありそうですね。例えば全員普通学級に入って勉強は「習熟度別」にする。勉強が終われれば自分のクラスに帰ってきて過ごし、学校行事などはクラスみんなと参加するというようなシステムです。

父親B　理想から言えばその通りなんです。しかし、親の願いとして身障者にも義務教育を受けさせろということで特殊学級・身障者学級ができたわけです。ところが一度できたシステムを変えるということは大変なエネルギーがいることですよね。それに権益と言ったら誤解を招くかもしれませんが、お役所は一度つくったものはなくしたくないんです。

父親A　「習熟度別」と言っても難しいところがあるんです。特に中学校の特殊学級というのは障害者のためというよりは「低脳児学級」とか「促進学級」といわれる学習遅進児のためのクラスに変わりつつある。要するに勉強のできない子供を特殊学級に送り込むという傾向です。これはある意味においては能力別の末端をを押し込めているというふうに言えなくもないわけです。そういう意味において障害者を扱うのはおかしいという問題もあるんです。

文部科学省が今回の新学習指導要領で一番頭を抱えたのが、いままでなら障害者と言われなかった子供たち、いわゆるＡＤＨＤ（注意欠陥、多動性障害）とか学習障害をどうするのかということです。この子供たちを通級制の特殊学級のようなものを新たにつくり、そこに通級させるというものです。この対象の中に知的障害児は入っていません。知的障害児はあくまでも固定式にしておくということです。

奥野　文部科学省がそのようなことを考え出した背景には「学力低下」の問題があると思うんです

が、一般的に言われる「学力低下」といわれる子供たちは約三〇パーセント。学力上昇組が五パーセントくらいですよ。それならば五パーセントの学力上昇組を新たにつくる特殊学級に入れればいい。あとはのんびりとやってもらってもいいんじゃないかな。この五パーセントというのはあきらかに異常集団であるわけですから（笑い）。

父親B　日本はどうしても所属する教室があって、そこに子供たちが集まって、先生が来て勉強が始まる。小学校の基礎的な教育の段階ではこれもいいでしょうが、それ以降は生徒が大学のように先生を選んでその教室へ行き学ぶというシステムに変えていかなければ、教育における真の学びとか自立というものは生まれないような気がします。これは一朝一夕にできることではありませんが、そのような方向だけはきちんともっているべきでしょうね。

母親A　教育システムがいい方向に変わることには賛成ですが、先ほどもいいましたがやはりそこで教育を担う先生の真剣さ、情熱ですべてが決まるような気がします。実際に先生によって子供はまるで違う姿を見せますから。先生が生き生きとしてやっていれば子供も生き生きとしています。先生が情熱もなくやっていれば子供も元気がなくなります。これは実体験的に言えることです。

特殊学級の閉鎖性をなくすこと

奥野　斎藤さん一家のやっている「風の祭典――恵子と共に」の舞台を見ていて感じることは、私たち健常者といわれる人間が勇気づけられ、元気をもらっているということです。現に会場にいらっしゃった方々にアンケートをとらせていただいているのですが、そのアンケートの回収率は七〇パーセント近いんです。この高回収率にも驚かされますが、それらの大半が「感激した」「勇気づけられた」「元気が出てきた」というものです。普通は逆だと思うんです。障害のある人をサポートするのが健常者であるはずです。

ですから、いま精神的に健全なのは障害者の人たちで、私たち健常者はどこかちょっとおかしくなっている可能性があります。そのことに恵子ちゃんなりダウン症の子供たちは気づかせてくれている。ある意味では「神様からの使者」なのかもしれませんね。

母親A　私もそう思います。これはいくら言葉や文字で知ってもダメですね。子供たちにいくら障害をもっている人を大切にしようと言ってみても実感がありません。その人と共に生活してみて初めて障害をもつ人の大変さや不便さを身近なこととして理解することができると思うのです。ですから普通学級に子供を入れるということは、障害者側にも大きなプラスがありますし、健常者にとっても大きなプラスがあるんです。「共生」とよく言いますが、その第一歩はここからだと思います。

母親B　わかり合うためには、そばにやはり居なくてはわかりませんものね。健常者の子供たちを見ているとダウン症の子供を見て「エッ?」という表情をまず初めにします。みんな「なんだか違うぞ、コイツは…」と興味を示し、けっこうアイドル的な存在になったりするんです。子供たちにしてみればかまっていて面白いんです。なんとか話したり、歩いたり、食べたりできるわけですから。でも、自分たちよりはだいぶゆっくりしたペースだとね。そうすると自然とサポートをする子が出てきて、それをみんなが普通のこととして行うようになる。ノマライゼーションだとか福祉がどうのとよく言いますが、一番いいのはできるだけ小さいときから一緒に遊ばせたり学ばせたりすることだと思います。

母親A　ところが先生の中には「あ〜、やっかいなのが入ってきた」と感情をもろに顔に出す方もいますからね。それでなくても昨日まで幼稚園に行っていたような手のかかる子供が三〇人、四〇人と入ってくるのに、それに輪をかけたような手のかかる子供が入ってくるわけですから。それもジッと席に座っているだけでしたら先生も無視すればすむことですが、チョロチョロ歩き回るとなると、もうダメなんです。そして初めから理由もなく最低ランクに位置づけしてしまう。子供というものは非常に敏感ですから「僕はいらない人間なんだ」と思ってしまう。これが怖いんです。子供の成長のバロメーターは先生の愛情の深さにかかっていると思います。

父親B　あと一つ学校のことで言っておきたいことは閉鎖社会に陥ってはいないかということです。普通学級は別として特殊学級・身障者学級はとかく閉鎖的ですね。ひどいのになると授業参観をさせないところもあると聞きます。私はうちの子の中学校に見学に行ったことがあるんですが、子供たちの姿を見て泣きたくなりました。動物の形をした帽子をかぶって遊戯をさせられているんです。また、幼稚園児が見るような紙芝居を見せられたりもしていた。もっとやることがあるん

▲友だちとニッコリ、Ｖサインする恵子

じゃないかと思いましたね…。

奥野　そのようなとき「これはちょっとおかしいのでは？」と学校に言わないのですか。いま普通学級の親御さんというのは昔と違って、「学校のここがおかしい。先生のここが変だ」とはっきりと意見を言うようになったと思うのですが。

母親A　親御さんの中には「もっと学校がしっかりしてくださいよ」ともの申す方もいますが、これはごく少数ですね。多くの方は子供がめんどうをみてもらっているということであきらめてしまっているんです。よくいう人質論ですよ。ですから、子供のことを本当に思うのならば、もっともっと地域的にまとまる必要があります。そうすると一人でなら言えないようなことでも、「私には地域の支えがある」と思えば勇気もわいてきますし、自分の意見もきちんと表明できるんです。そうすると学校側も少しずつ変わっていくと思います。

父親A　ダウン症の子供は自分の意思を上手に言葉にして表現できないことも閉鎖的な社会を維持させている要因の一つになっていると思います。言葉にして言えるか言えないかではかなり違いますからね。ダウン症の子供というのは、親が環境整備をやってあげなければならない場合が多い。普通学級へ行くか特殊学級に行くかにしても親が判断しなければならない。それを判断する客観的な材料がこれまた少ないんです。親の主観的な情報はあるんですがね。

その結果、特殊学級に入れたほうが親も楽だということで決めてしまうことが多いと思います。とりあえず、がんばらなくてもいいし闘わなくてもいいわけですから。でも本当に楽かといえばそうではなく「これでいいのか」という疑問は常について回りますし、本当に闘わなくていいのかと言えば、やはり闘わなければならないこともあるわけです。まだまだ現実的には親は勇気がないというか立場が弱いですね。

母親B　確かに閉鎖的な部分も多々ありますが、私たち親が必要以上に学校を気にしすぎている面もあると思います。「どうせ言っても相手にしてくれない」というあきらめが初めからあるのかもしれません。と言うのは、私の知人（ダウン症児の母）が大阪から転居してきてうちの子供と同じ学校に入ったのですが、この学校のトイレはみな和式でした。すると彼女は学校に「うちの子供は洋式でなければできないから洋式に替えてほしい」と頼みました。学校ではすぐに洋式にしてくれたそうです。

また、制服のシャツがボタン式なんですが、「うちの子供はボタンがはめられないからポロシャツを許可してほしい」と頼んだところ、それもすぐに認められました。そういうことも当然の要求として言える彼女もすごいと思いましたが、私たちが思っているほど学校も形式や規則にあまりこだわっていないような気がしました。あくまでも「子供中心」の対応をきちんとしているように思われたのですが、これはあくまでも一部の学校でのことなのかもしれませんけどね。

人間というものは往々にして一部の情報だけで思い込んでしまう傾向がなきにしもあらずですから、やはり自分の意見は堂々と学校に知ってもらったほうがいいと思います。

異質なものを認める心を培う

奥野　私は教育関係の仕事を二十数年やってきましたが、そこで経験してきたことから導き出された結論は「親が変わらなければダメ」ということです。学校教育にしろ社会教育にしろおのずと限界というものがあります。やはり健全な子供たちを育てる根っこは親であり家族ではないでしょうか。戦後五二年間という時の流れの中で歪んできたものを元に戻すには五二年間という時間が必要だと思うんです。これは対症療法的に何かをやったからどうにかなるというような問題ではないような気がする。

いまいじめが学校において問題になっています。いじめというものは人間が集団をつくれば必ずといっていいほど起こります。どの時代にもどの集団にもいじめはある。しかし、そこにはある種のルールみたいなものがあって、相手を死に追いやるようなものはなかった。いま子供たちがやっているいじめはもはやいじめではなく「虐待」であり「虐殺」です。

よく「いじめられる側にも問題がある」という論を口にするバカ教師やバカ評論家もいますが、とんでもない。これらバカ教師やバカ評論家の言っていることは「周りの人間と同じでないからいじめの対象となる」というもの。要は「異質なものは排除しよう」という排外主義者にすぎないのです。いわゆる「みんなで渡れば怖くない」という日本的な横並び意識です。

いま子供たちが陰湿で冷酷ないじめをする背景には親御さんの子育てのしかたに起因するもの

が大きいと思います。子供は親の真似をしているだけです。子供たちが度を越したいじめをし始めたのと、親が子供に度を越した虐待をし始めたのはほぼ同じ時期です。これはもうDNAの問題です。これらの子供や親御さんに共通していることは、「他を認めない」ということです。「他を認めない」人間は「自分も認めない」んです。そして「自己愛」のみが強くなる。このことはエーリッヒ・フロム（社会心理学者）なども指摘していますね。

このような子供たちや親御さんに必要なことは「他を認め思いやりいたわる心」を身につけさせることしかない。この心を学ぶには言葉でいくら言ってもダメだと思う。やはり実体験の中からゆっくりと学んでいくしかないと思うんです。それには障害児（者）は可能な限り普通学級に入ってもらい、健常者といわれる子供たちと生活する中で健常者に学んでもらうしかないと思っている。これは障害者が普通学級にお願いして「入れてもらう」ではなく、学校側が障害者にお願いして「入ってもらう」ようにしなければいけない。これくらい障害をもった人は社会にとって大切な財産なわけですよ。どうでしょうか、私の考えは…。

母親A　全く奥野さんのおっしゃる通りです。みなさんが奥野さんのような考え方をされていたなら問題はないのですが、現実的には残念ながらそうではないんです。でも現実がそうだからといってあきらめていたなら何も変わりませんから、一歩一歩前へ進む必要があることは確かですね。それにはまず、障害児（者）をもつ親がもっと強くならなければいけないでしょうね。私たちは健常者をもつ親御さんよりは問題を真剣に見つめていますし、切実な問題として身近にありますから。私は乙武くんの親御さんのことは知りませんが、かなり強い親御さんではないかと思います。「普通学級に入れていただきまして、ありがとうございます」なんてことを口にする親御さんではないでしょうね。

父親B　ダウン症児をもつ「親の会」という組織が全国にあるのですが、ダウン症児が生まれて「あら、どうしよう…」と悩んでいる親御さんを地域で励ましていこうというものです。この地域の「親の会」がやはり中心となって障害者と「共生」できる社会を地域からつくり出していかなければならないと思っています。しかし、これは大変な活動なんですよ。ダウン症児をもった親御さんだけでまとまって励まし合うこともそれはそれで大切なことなんですが、一歩進んで地域の人たちにも参加してもらわなくては真の「共生」はありませんから。

　ところが、現実はかなり厳しい…。例えば、地域のお母さんが妊娠されて出生前の検診を受けられるわけです。そのときの羊水検査で胎児がダウン症とわかると、多くの親御さんは中絶をするんです。人様には人様なりの考え方や生き方がありますからそのことを云々はできませんが、「ダウン症＝染色体異常」という言葉だけで中絶してしまう。これはおそらくダウン症についての情報が偏っていることからくるものだと思います。情報が排除するためだけに作用しているんですね。ですから、もっともっと親御さんたちに明るい展望をもってもらえるような情報をたくさん知ってもらえる努力をしていかなければならないと思っています。

母親B　そういう意味からも「風の祭典――恵子と共に」はすばらしい活動だと思います。ダウン症のお子さんをもっている親御さんにしてみれば「恵子ちゃんはあんなこともできるんだ、スゴイなあ。うちの子もひょっとすると何かすばらしい可能性をもっているのかもしれない…」と思いますし、健常者の方は「ダウン症という障害をもちながら恵子ちゃんはあんなにがんばっているのに、健常者の私がこんなことではいけない…」と思う。恵子ちゃんはこの両者を見事に一つの輪の中に入れてしまっている。この後どうするのかを考えるのが私たちだと思うのです。恵子ちゃんが与えてくれた感動を、感動だけで終わらせてはいけないでしょうね。

父親A　これは聞いた話なんですが、宮城県のある市の市長さんが空き家になっている自分の家を開放して「つながりの家」というのをつくったそうです。この家は障害の種類などでくくらずに誰でもこれる場所にした。そこでサポートをするボランティアもいつきてもいいしいつ帰ってもいいという形らしいんです。また、別に障害をもっていない子供でもブラッときて遊んでいけるんです。これは画期的な試みですよね。往々にしてそのような場所は「みんなでゲームをしましょう」とか何か一つの目的をもって行動しがちですが、そこにはそれがない。人の話しているのをだまって聞いているだけでもいいし、お茶を飲むだけでもいい。

いろいろな人たちがそこには居て、自分もそこに居る。ものすごく自然な感じがしますよね。そうするといつの間にか「他を認める」ということが身についていきますし、車いすで困っている人がいれば自然と手をかしてあげるようになると思うのです。いま少子化で学校が統廃合されたり、空き教室がたくさんできている時代ですから、この「つながりの家」みたいな空間を各地でつくってみてはどうかと思いますがね。私も地域の小学校にこのことを言ってみたのですが、最初に返ってくる言葉が「安全管理」の問題です。要するに学校としては責任もてないということです。「ならば利用する地域の人に責任者になってもらっては？」と言いますと、「文部科学省の学校施行規則でそれは認められていない」との答えでした。もったいないですよ。あれだけ空き教室が全国的にあるわけですから。

母親A 行政がなっていないといくら言っても何の解決にはならないことはわかっているのですが、それにしても配慮がなさすぎますよ。例えば、市役所の福祉課。何かを頼みに行くとそれまで担当していた人が違う課に転属していて新しい人になっている。それはそれでしかたがないことかもしれませんが、この新しい人はそれまで水道課にいて全く福祉のことがわからなくて一から勉強です。何もわからないから前例を調べて「前例がありませんから」ということでこちらの頼みは受け付けてもらえない。この繰り返しということが多々あるんです。

組織のことですから転属も当然あるでしょうが、それにしてももう少し住民に対する配慮があってもいいと思いますし、こういう時代ですから柔軟な発想をもって前例にこだわらずに対処していってほしいですね。

まずは仕事をさせてみてから判断してほしい

奥野　ダウン症という障害をもっている子供の学校教育終了後の就職はどうなっていますか。いまは不況ということでかなり厳しいと思うのですが。

母親A　うちの子は養護学校の高等部を卒業してファミリーレストランのキッチンに入っているのですが、見ていてかわいそうになってしまいます。動作はのろいですし、仲間がいないんです。もう一人くらいダウン症の子供でも障害をもった子供が一緒にいれば励まし合ったり、それなりに競い合ったりしてはり合いもあると思うのですが、うちの子一人。ですから、常に最低ランクにおかれているんです。就職してから急に喋らなくなりましたし笑わなくなりました。

父親B　いま全国で約五万人くらいが作業所に通っているそうです。作業所というのは親御さんたちの自主運営です。行政はいちおう要綱をつくっていて、何人ならいくらくらい家賃の補助をしようということでやっています。ですから、マンションやアパートの一室をかりてやっている作業所もありますし、行政が建てた建物の中でやっているのもある。養護学校を出た半分くらいはこのような作業所に行っているんじゃないかな。詳しい数字はわかりませんが。

作業所に入るのは「就労」とは言わないで「福祉的就労」と言うんです。企業に入ったりするのは「一般就労」です。先ほどのファミリーレストランに入れたというのは幸運なほうでごくわずかですね。あとは法律上の障害者施設（授産所）があるのですが、これは事実上満員でほとんど入るのは不可能に近い状態です。作業所での一か月の賃金は約五〇〇〇円くらいで、いい所で一万程度ですね。これでは自立など全くの夢物語です。

父親Ａ　最近では大手企業などが環境問題とか障害者問題に我が社は取り組んでいますということで、若干の採用はしているようですが、売名行為的な側面が強いことも確かです。しかし、私は売名でも何でもいいからこの子供たちに就職口をつくってほしいと思います。どんどんテレビなどで「我が社はダウン症の子をたくさんやとっています。社会に貢献する〇〇企業」などとやってけっこう。広告の看板にダウン症の子を使ってもけっこう。まずは子供たちに門戸を開いてほしいんです。

父親Ｂ　初めは売名行為であっても、その中の一人でも何かに気づかされる人たちが出てくれば前進ですよ。ダウン症の子供が一般企業に就職して、工場などで事故を起こして死亡したとしても悲しいことではありますが、それは乗り越えなくてはならないハードルだと思います。実社会というのはいつも安全が保障されているわけではありませんからね。

こんな話を聞きました。特別養護老人ホームにダウン症の子供がボランティアで行ったそうです。その子はお年寄りのそばにピッタリとよりそっていた。その子とお年寄りの会話を聞いていた職員は、二人が何を話しているのかサッパリわからなかったそうです。しかし、それまで元気のなかったお年寄りが笑顔になり明るく振るまいだしたといいます。なぜお年寄りが明るくなったのかはわかりませんが、私の想像ではその子がお年寄りをやさしく、心からいたわったからだと思うのです。ダウン症の子供は非常にやさしいんです。

この特色を生かせば、高齢者や病院などでのボランティアに向いているわけですから、この子

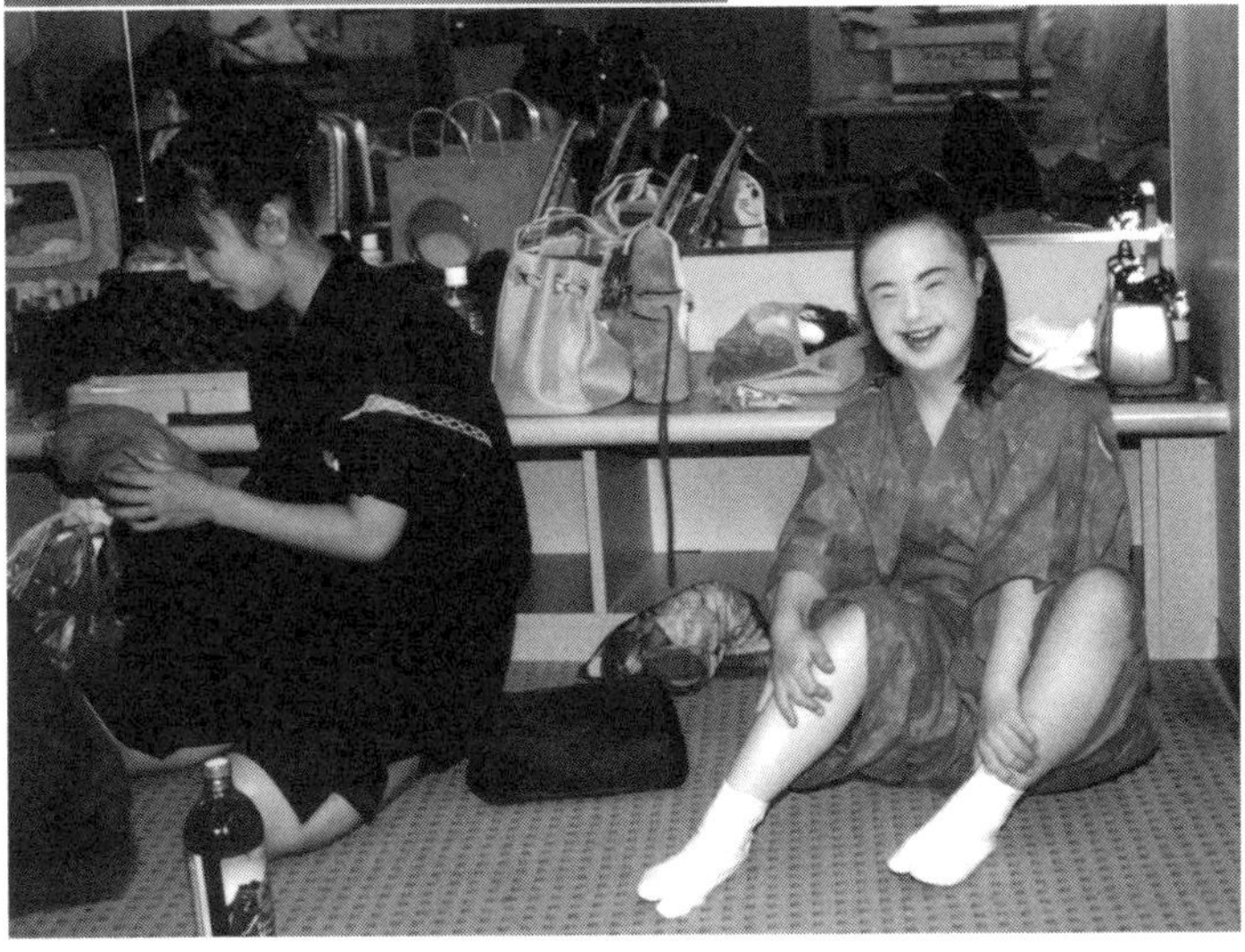

▼楽屋で準備中の恵子
◀連獅子を舞う恵子

たちが社会に役立つことはたくさんあると思う。この子たちにしてみれば、生まれてから「人のために何かをやって喜ばれた」という経験がない。常に「やってもらっている」と感じているはずです。ですから、人のために役立っているということが実感できれば心の自立は不可能ではないと思います。

母親B　うちの子も私の手伝いをしてくれることがあるのですが、「ありがとう、ほんとうに助かったわ」と言うと、ニコッと笑って元気になりますものね。もっといろいろなことにチャレンジさせて、「ありがとう」を心から言ってあげたいですね…。そのような意味からもこの子たちにもっとチャンスを与えてほしいと思うんです。作業所を否定するわけではありませんが、もっと多様な働き口があってもいいはずですよ。

親が子供の可能性を奪っているかも……

奥野　これは失礼な言い方になるかもしれませんが、ある意味では親御さんが子供の可能性を奪っている要因の一つになっているのかもしれませんね。親御さんの中にある既成概念によって「これはこの子に無理」とか「これをしたら社会に迷惑をかける」という結論を先に出してしまうという。このあたりのことはどうお考えになりますか。

母親A　それは多分にあると思います。先ほどのＤＮＡの話ではありませんが、私たちの中に刷り込まれているんですね。ですから子供もそうなっていくんです。そのことをはっきりと実感するのは下の子（健常児）に対して私がとる行動です。下の子に対しては「あなた何でやってみる前にあきらめちゃうの。失敗してもいいからやってごらん」とやっているんです。このことをなぜ上の子（ダウン症）にはしないのかと考えた場合、やはり私が初めからすべてをあきらめているということに気づくわけです。ですから、親がその子の可能性をつぶしているのかもしれません。

母親B　アメリカのダウン症の本などを読みますと、やはり日本とはまるで違いますね。「社会に迷惑かけて当たり前。社会はいろいろな人から成り立っているのだから」ということがすでに社会の一般通念としてあるんですね。これはダウン症だけではなく、障害者全体に対して社会が認め受け入れている。公園などへ行くと車いすだらけで、町の中で障害者のいない所を探すのは難しいくらいだそうです。

日本ですと町の中で障害者を探すのが大変ですよね。最近はかなりアメリカ的になってはきているようですが、それでもまだまだです。もっとうるさがられるくらいに出て歩く必要がありそうですね。障害者がいつも周りにいることに慣れたなら、健常者の人たちの考え方や対応もかなり変わってくると思うんです。障害者が異質なものから普通の存在となる。

父親A　私の知人に生まれながらの全盲の人がいるんですが、彼が喫茶店に入っていっても店員が注文を聞きにこないと嘆いていました。なぜかといえば、どうしていいかわからないわけですよ。白い杖をついて突然に現れるはずのない人間が入ってきたわけですから。コーヒーとサンドイッチを頼まれたけれど、この人はどうやって食べるのか、と心配するんです。

彼は店員さんに「コーヒーカップとサンドイッチを置く場所さえ教えてくれれば後は大丈夫です」とね。コーヒーとサンドイッチを見事にたいらげて店を出て行く彼を見ていて、店員さんは学習するんですよ。二回目に行った時にはまことにスムーズにすべてが運んだそうです。さらにその店員さんはティッシュはここですよ。シュガーはここにありますよと、いろいろサポートをしてくれもしたそうです。これですよね。実際に障害者と接してみなければどうしていいのかわからないんです。この店員さんは次にくる障害者にはもっとすばらしいサポートをするでしょう。

父親B　そのことで言えば、親が子供を抱え込んでしまっているというケースは多いですね。親としてみればよかれと思ってやっているのでしょうが、子供にしてみればうんざりでしょうね。私のところの「親の会」にもいるのです。親御さんが六〇代でお子さんが三〇代後半という方なんですが、いまでも同じ部屋で寝ているそうです。息子さんはそれがいやでいやでしかたがない。親御さんにそのことを言っても親御さんは心配で心配でたまらない。それでいつも同じ部屋にいて見ている。これでは息子さんの自立なぞ不可能ですよね。

そこで私が「もしあなたが死んでしまったなら、息子さんは一人でどうやって生きていくんですか。いまから自立をする方法を少しでも教えていかなければ将来困るのでは」と言いますと、「あの子にそんな自立などということは無理です。私が死んだら市役所がちゃんとやってくれます」と。こうなると子供さんはある種の犠牲者ですよね。でもこのようなケースはけっこうあるんです。

奥野　いまのお話しですが、けっきょくは親御さんが子供を認めてないというか認めたくないというか、自立を子供から奪っているケースですね。このことも関連すると思うのですが、先ほど「子供をほめる」と明るい顔で元気になると言われましたが、具体的にはどのようなことでしょうか。

母親B　これは私の考えですがダウン症の子供はものすごくプライドが高いと思います。バカにされていることも理解していますし、ほめられていることも理解しています。しかし、その感情を言葉でうまく話すことはできませんが、そのかわり表情に表します。健常者の子供と違って演技はできませんから喜怒哀楽がはっきりしています。それだけ純粋ということです。ですから、常に何かいいところを見つけてあげて「ほめてあげる」とその気になるというか元気になりやる気満々になるんです。

　日本の親御さんというのは私を含めてですが、子供をほめることが非常に下手くそだと思います。いわゆる手前みそになると思うのでしょうが、本当に下手ですね。ちなみにほめる回数と叱る回数を数えたなら、圧倒的に叱るほうが多いと思います。ということは、子供のいいところはあまり見ていなくて、悪いところばかり探していることになります。これでは発展途中にある未完成の子供にしてみれば、その行動のすべてが叱りの対象になるわけです。これではたまったものではありませんし、自分に自信なんてもてませんよ。ほめられるということは先ほどもお話しに出ていましたが「認められる」ということですよね。親御さんからいつも認められている子供は心に余裕もできますから、他者のことも認められるし思いやれるんです。アメリカの親御さんはまず子供を認めることから出発していますね。それに比べて日本の親御さんは「もっといい子になって」と、いまある子供の姿をまず否定します。これでは元気も出てきませんよ。いつまでたっても「もっといい子に」ですからね。

母親A　親というものは自分の都合のいいことしか思い出さないんですよ。自分がこの子と同じ年代の頃にはどう考えていたか、という立ち返りというかとらえ返しができないんです。ですから自分の価値観だけを子供に押しつけてしまう。昔の親御さんはそれでもやっていけたんです。社会がいまほど複雑ではありませんでしたし、社会の価値観もあまりバラバラではなかったですから。でもいまは違いますよね。社会も複雑になっていますし、価値観にいたってはどれが正しいのかさえもわからなくなってしまっていますから。ですから、親御さんはまず自分の子供を認めることから出発するべきだと思います。

真の「共生」とは何かを考えてほしい

奥野　では最後になりますが、みなさんは健常者に何を望まれるかをお話しください。

母親A　私が一番言いたいことは、健常者でもいつかは障害者になる、そのことをわかってほしいということです。人間、年をとったなら老眼になったり膝が悪くなったりもします。また骨粗しょう症になったり痴呆になったりします。必ずどこかに障害をもつようになると思うんです。それが早いか遅いかの違いはありますけどね。「自分は決してそうはならない」と思うから偏見がなくならないんです。健常に生まれても一五、六歳の若さで理由もなく（子供なりにはあるのでしょうが…）人を殺してしまうかもしれませんし、交通事故などにあい障害をもつことも考えられます。いつ自分が障害者になっても不思議ではないのだという気持ちさえもっていれば、それは他人事ではなくなるということを忘れないでほしいのです。

父親A　最近、よく体験学習ということで車いすに乗ってみたり、アイマスクをつけて歩いたりすることが行われていますが、これはこれで障害者の不便を知るということでは意義のあることかもしれません。しかしですよ。それはあくまでも一部の障害を体験することであって障害すべてを知ることには決してならないという点に気を配らなければいけないと思うのです。

例えばです。ダウン症として生まれた子供が自分のことを不幸だとか不便だとは感じていないはずです。これは乙武くんにしてもそうだと思いますよ。「不便だろうから不幸だ」と感じるのは健常者側の発想でしかない。健常ということを基準にして考えれば確かにそうなりますが、彼らは全く違う基準をもっていることを私たちは知る必要がありますね。

ですから、障害者が健常者の真似をしたりそれに近づこうともがいてみてもこっけいなだけですし、無理があるんです。要はそのままの姿を認めるか認めないかなのです。障害は一つの「個性」と思えばいいと思うのです。そのことをわかってほしいと思います。ですから体験学習を福祉の分野でやるのなら、そのことをきちんとおさえてからやっていただきたいと願います。

母親Ｂ　私の望みは、ダウン症だけではもちろんありませんが、まずどんな仕事でもいいから使ってみてほしいということです。それで本当にダメならば「ダメ」と言ってくれればいいのです。初めから「ダウンはダメ」と決めつけないでほしいのです。これだけ多種多様な仕事があるんですから、必ずこれならいいかもというものがあるはずです。いわゆる「すき間」の仕事ですよね。実際にスーパーに行ってお願いしたことがあるんです。スーパーのパートのお母さん方が「これは簡単な仕事だけれどめんどうくさい」という仕事をやらせてみてくださいとね。

その結果、子供たちの評判のいいお店と、初めから断わられてしまったお店があるのですが、まず試してみてくださいと強くお願いしたいのです。この子たちを社会で守ってあげてほしいのです。これが社会の受け皿ではないでしょうか。それができればこの子たちも自立できるんです。

父親Ｂ　みなさんがほとんど言われたので、私の言うことはありません。要はこの子たちを自立させていく基盤となるのはやはり個々の家族の姿勢だと思います。その意味では斎藤一家の姿はすばらしいと思います。親御さんをはじめ兄弟全員で恵子ちゃんの「生」をサポートされているし、それに無理がないんですね。これはあくまでも私個人の感想ですが。

私はこの恵子ちゃんの「風の祭典」についてこんな批判を耳にしたことがあります。「斎藤一家はダウン症を食いものにしている…」というものです。はたしてそうでしょうか。私は「風の祭典」で恵子ちゃんが自立できればいいと思っております。なぜこのような批判が出るのかを考えてみましたが、要はその舞台が有料であるということからきているのです。とかく福祉的な活動は無料というのが日本的な考え方だからです。ボランティアを使いながら有料でやっているということが、「ダウン症を食いものにしている」という言葉になるのでしょう。

私は「風の祭典」を一度だけ見たことがありますが、あれはまちがいなく赤字です。私も地域の「親の会」でイベント的なことを手伝ったことがありますからある程度の収支に関する知識はもっていますが、あれでもうけられるはずはありません。よしんばもうけたとしても何の問題もないと思います。恵子ちゃんの自立に役立つわけですから。自立ということの中には、経済的なことも当然含まれているんですから。

私の願いは、一人でも二人でもいいですから恵子ちゃんのような人がより多く社会に出てほしいということです。どのような形でもいいのです。そういう意味においては恵子ちゃんは健常者に感動を与えているだけではなく、ダウン症の子供やその親御さんに小さな光明を与えてくれていると私は思っています。

奥野　長時間にわたってちょっと言いづらいようなお話を本書のためにお話しくださいまして、本書に一層の深さが出てきたと自負しております。今後ともみなさんのご活躍を期待しております。本日は本当にありがとうございました。

（まとめ・文責／奥野真人）

〈取材ノートから〉

親が変われば子供も変わる

「子育て」について思うこと

最近、新聞やテレビなどの報道の大半はワイドショー的な政治の話か、青少年が引き起こす「凶悪」事件、児童虐待のことばかりです。これらのことは全く関係のない事柄のように思われるでしょうが、実はそうではなく密接にからみ合っていると私は思っています。利権をむさぼるためにのみ政治家が存在するかのような政治体制の中で、健全な子供が育成されるわけがないと思うからです。しかし、みなさんよく考えてみてください。このような政治家が突然に国会議員になったわけではなく、私たちが選んでいるわけです。ですから、いちばん責任を感じなくてはいけないのは、私たち国民ではないでしょうか。

これは「子育て」においても同じことが言えると思います。「学校が悪い」「先生が悪い」「受験態勢が悪い」……などと責任のすべてを他に転嫁してみたところで、子供が健全に育つとは思えません。確かに管理主義といいますか、子供たちを管理しやすいようにのみ腐心している学校もあるでしょうし、子供たちの気持ちをくみとることのできないような先生もいることでしょう。また、自己愛のみに走り、子供のことを全くかえりみない親御さんもいると思います。

さらに、偏差値という「学力」のみで子供たちにランクをつけてしまう評価システムや受験態勢にも問題があります。これらは間違いなく改善していかなければなりませんが、では、これらをどのように改善していけばいいのかをお考えになったことはおありでしょうか。私は思うのです。いまこそ私たち親がこのことを自分の問題として真剣に考え、それに立ち向かっていく覚悟をする時ではないでしょうか。「子供たちが歪んでいる」のは私たち大人が歪んでいるからではないでしょうか。このような状況の中で、いくら対症療法的に学校の教育指導要領を改訂してみても、あまり効果はないように思えるのです。要は「親が変わらなければ、子供は変わらない」ということです。

いま盛んに障害者に対するバリアフリーということが言われていますが、これとても同じことだと思います。車いすで乗れるバスとか電車、市民ホールや図書館などはかなり障害者が利用しやすいようになってきてはいます。これらは公私立を問わずそうなってきています。これは大変にいいことだと思いますが、一番大切なことはソフト面、いわゆる心のバリアフリーではないでしょうか。いくらハード面の設備が整っていても、それらを運用する側の（健常者といわれる人々）心のバリアフリーがなされていなければ、いくら設備が立派であれそれは真の「共生」にはなりえません。

私は恵子ちゃん一家を取材していく過程で気づきました。障害児をもった親御さんたちは、子供の障害の重度とは関係なく自分の子供をかわいいと思うし大切に育てていらっしゃいます。そこには真の「共生」があります。が、しかしです。この親御さんたちが実はいちばん子供たちの可能性をつぶしている存在にもなりうる可能性があるということです。

障害児（者）を社会に連れ出すことによって「社会の人たちに迷惑をかけるのでは……」と考え、または「外に連れていくと、うちの子が周りの人たちからジロジロ見られてかわいそうだから……」という先入観念（現実的にはあるのですが）のようなものがあり、ついつい家の中に閉じこもってしまう、または閉じ込めてしまう……ということも多いのではないでしょうか。実際に現実社会の中に障害児(者)を連れ出すことによって生じる摩擦はたくさんあると思います。ジロジロ見られるでしょうし、迷惑がられることもあるでしょう。でも、障害児（者）が社会の中をウロウロと出歩き、迷惑がられるくらいにまずはならなくてはいけないと思います。これを行うことは大変なことだとは思いますが、まず、ここから始めてほしいのです。

アメリカのように町の中にいつも障害児（者）がいることが普通になればジロジロ見る人もいなくなりますし、障害児（者）も立派な消費者ですから市民ホールとか図書館などの公立施設だけではなく、あらゆる商店、あらゆる施設も障害児（者）のためのバリアフリー設備を整えるはずです。そして、健常者が日常的に障害児(者)と接するようになれば、自然と心のバリアフリーはなされていくと思います。

『五体不満足』という本を書いた乙武君がいい例です。学校の先生が言葉でいくら「乙武君はみんなと同じだよ。仲良くしてあげてね」と言ってみても、子供たちは納得するはずがありません。

「腕もない、足もない変な奴」と思っているでしょう。でも、毎日一緒に学校生活をする中で「手も足もない変な奴」がいつの間にか「普通」のこととなっていき、遊びの中にも乙武ルールなるものを自然とつくって遊ぶようになる。これが真の「共生」だと思います。

ですから、障害ということを「みんなと同じ」ときれいごとで扱うのではなく、違いをきっちりと知ってもらえればいいのです。私は障害を「個性」としてとらえています。その人にしかできない「生き方」をしているわけですから。健常者の中にも運動の不得手の人もいますし、絵をかくのが苦手な人もいます。背の高い人もいますし背の低い人もいます。これと同じと考えることはできないでしょうか。

教育もそうですしバリアフリーもそうです。「学校教育云々、行政云々」ではなく、まず親御さんが自分の子供の「子育て」をどう引き受けるのかではないでしょうか。私はこれまで、二十数年にわたって教育雑誌をつくる仕事に携わってきました。その中で感じることは「まず、親が変わらなければ子供は変わらない」ということです。ここでは一〇の項目について、私の「取材ノート」から述べてみたいと思います。一〇〇の家族があれば一〇〇の「子育て」のしかた「子育て」のしかたがあると思います。「これが一番いい子育てだ」というものなどありません。こんな「子育て」のしかたもあるんだ……というくらいの気持ちで読んでみてください。その中でみなさんの琴線にふれるものがあれば幸いです。

きれいごとの理想的なことは一切ありません。ホンネの現実的なものばかりですから、ちょっとビックリされる内容のものも多々あるとは思いますが、「子育て」において大切なことはタテマエでも理想でも、ましてや世間体などではありません。ホンネと愛情、そして厳しさだと思います。

〔第一話〕子育てとは「自分育て」である

子供が何か悪さをしたり、非行の道に走ったようなときに「何不自由なく育ててきたのに、どうしてあんな子になってしまったのかわからない……」とつぶやく親御さんが多いようです。この「何不自由なく……」が実はクセモノだと私は思います。これはあくまでも親御さんがただそう思っているだけで、子供にしてみれば「不自由」だったからこそ非行の道へ走ってしまったのではないでしょうか。

みなさんはこんな経験をされたことはありませんか。子供と一緒にデパートなどに行った際に、子供が高価なファミコンゲームなどを買ってほしいと言い出し、「ダメ！」と言っても駄駄をこね続ける。最初は親御さんも断固として「ダメ！」を通すのですが、子供が「真人君もひろみちゃんも持っているよ。これ持ってなければ遊んでもらえないもん」の一言ですべては逆転します。「あっ、これを買ってやらなければ仲間はずれにされてしまう。ひょっとするといじめの対象になるかもしれない」と。

大半の親御さんは、自分の子供が世間一般から取り残されるのでは……と心配し、結果的には買い与えてしまうようです。ところが、この買い与えるときの言葉が問題なのです。「買ってあげるけど、ちゃんと勉強しなさいよ。お母さんの言うことを聞くいい子になるのよ」となる。この「いい子」の中身はといえば、親御さんの言うこと、すなわち親御さんの価値観を忠実に実行するということを強要することになるのです。

子供にしてみれば、とりあえず親の言うことを聞いて「いい子」を演じていれば、いろいろのものが手に入るし、親も「いい子ね」と自分のほうを見てくれるわけです。自分のほうを見てくれるとは、親が自分を愛していてくれるという確認にほかなりません。ですから、子供というものは常に親の注意を自分のほうに向けさせようと努力します。

しかし、この「いい子」を演じるのも小学校くらいまでです。中学校に入ると思春期というやっかいな時期を迎えることになります。みなさんも周知の通り、思春期のことを「反抗期」と言います。それくらい何にでも反抗するわけです。特に私たち親や先生など、いわゆる権威や権力というものを嫌います。親や先生の言っていることが正しいと心の中で認めていても話し方が気に入らないなどと難クセをつけ反発するのです。

この時期は「俺（私）って何だろう。これからどう生きていけばいいのだろう」という自我意識が目覚めます。自立を準備し始めるわけです。ここで比較的スムーズに自立を目指せる子供と、そうではなく、つまずいてしまう子供にわかれるようです。私の知人にもこの時期に子供がつまずき問題行動（非行の一歩手前）の道に入ってしまった方が数人いますが、その親御さんに共通していることは「子供に干渉しすぎる」ということです。何から何まで母親が指示してやらせるのです。その子供も中学までは本当にうらやましくなるくらいの「いい子」でした。ところが突然に親の言うことを聞かなくなり、家庭内暴力を始めたのです。要するに「いい子」を演じる自分に疲れたのです。「もう放っておいてくれ！」ということです。

思春期において自立がスムーズな子供は、親御さんにあまり干渉されず、自分の考えでいろいろな体験をしてきた子供が多いと思います。私にも二人の子供がいますが、うちの「子育て」の柱は自己選択・自己決定・自己責任。「自分で考え自分で決める。そしてその責任は自分でとる」ということです。ですから、子供はたくさんの失敗を経験してきています。これは私の目から見て必ず失敗するとわかっていても、決して干渉はしませんでした。生命にかかわるようなことは別です。

私はそれを見守っていただけです。「見守る」とは「身守る」ということにほかなりません。また「おまえたちを愛している」ということを言葉や態度でいつも表現していました。よく「愛している」なんて心の中で思っていればいいんで、口に出して言うと軽くなる……などと思われる親御さんもいらっしゃいますが、それは違うと思います。もし子供が親の心の中の愛情を理解できなかったらどうなりますか。子供というものは「おまえを愛しているよ」の一言でホッとするものなのです。「お父さんもお母さんもこっちを向いていていてくれているんだ」と。

このように親に充分に見守られて（依存して）育ってきた子供は、親からの独立もスムーズにいきます。これが「依存」から「自立」ということだと思います。最近、青少年が引き起こす事件の報道を見ていると、事件の関係者がよく使う言葉に「何の問題もない普通のいい子でした」というコメントがありますが、これは先ほどお話ししました「いい子」の典型です。「いい子」を演じることに疲れた息切れ状態になってしまったのです。

子供が何か悪さをして警察などに補導されたり、相談所に駆け込む親御さんたちに共通していることは「自分は犠牲者なんだ」という被害者意識が強いということです。「学校の先生がもっとしっかりしていればこんなことにはならなかった」とか、「社会がこんなだから子供がこうなってしまった」、あげくのはては「おまえに子育ては任せていたのに……」などとわめき散らす、すべての責任を他に転嫁してしまう。これはとんでもない勘違いだと思います。本当の被害者は子供です。昔から「子供を見ればその親がわかる」と言われていますが、その通りだと思います。子供は親の生き様を映し出す鏡です。

私は自分自身を顧みて決して最高の親だとは思っていませんが、自分が被害者だとかその責任を他になすりつけるようなことは一度たりともしていません。自分の子供の責任は自分でとるという覚悟だけはいつももっていたつもりです。「子育て」は、親の価値観なり人生観なりがすべて子供という鏡に映し出されることだと思います。ですから、「子育て」とは言い換えれば「自分育て」ということになると思うのです。子供が歪みを見せ始めたなら、それは自分が歪み始めたと思えばいいのです。

〔第二話〕子育てに見栄やプライドはじゃまなだけ

よく「世間体が悪い」と言います。この世間体の中身は「見栄」や「プライド」といったものです。人には程度の差こそあれ見栄やプライドはあります。この見栄やプライドがあるからこそ、人間として社会の中で生きていけるのかもしれません。しかし、それが度をすぎるといろいろな弊害を生むことになります。特にこの傾向は男性に強いように思います。いわゆる「かっこつける」というやつです。

私の経験から言えることは、見栄やプライドというものは外の社会では通用するでしょうが、家族の中ではじゃまになりこそすれ、何のメリットもない。かえってデメリットのほうが多いと思います。父親は絶対であり家族の頂点にいて家族を支配しようとする。そして、「俺は偉いんだ、俺に不可能という文字はない」なんてうそぶいていたりもする。できもしないことをできると言ったり、かっこうばかりつけています。これは昔の父親がもっていた「親父像」をただまねしているだけです。これは父親というものがもっていた「権威」というものをただ真似をして中身もなく演じているだけ。男としての見栄やプライドがなせる技です。

父親の見栄やプライドは社会的に役立つことがあっても（いまは昔と違ってそれも意味をもたなくなっていますが）子育てに役立つことはないと思います。よく親御さんが茶髪にしている子供に「世間体が悪いからやめろ」と叱りますが、子供はこの言葉をいちばんいやがるものです。茶髪ならまだかわいいもんですが、子供が非行の世界に入ってしまい、一見して不良とわかるようなかっこうで家に出入りしたりすると必ず親御さんはこう言います。「そんなかっこうして高校生が夜中の十時を回って帰ってくるなんて、世間さまが見たら何て言うか……」と。このとき子供は心の中で叫んでいます。「俺（私）がこんなに苦しんで居場所を探しているのに、何が世間さまだよ。おまえは誰と暮らしているんだ。世間とか、それとも俺とか……」と。

子供が非行の世界に入るということは、言い換えれば海でおぼれているのと同じ状態だと思うのです。「助けて！　助けて！」と声にはならないけど叫んでいると思うんです。それを見ている親が「待て、待て。そんなに騒ぐな。周りで見ている人に恥ずかしいから」なんて言う親はいません。自分が泳げなくても海に飛び込んでしまうのが親です。飛び込まないまでも大声を出して人に助けを求めます。ここには世間体などありません。これと同じことです。非行に走るということは子供の精神が死にかけているということです。

大切なことは見栄やプライドなどは外から帰ってきたら玄関の靴箱の中にでも入れてしまい、人間と人間としてのホンネで子供と接することだと思います。そして、何でも話し合うことです。ここで両者の意見が対立してもいい。一つの結論を出さなくてもいいんです。お互いの考え方なり生き方を理解し合えるだけでもすごい収穫です。考え方が一緒なんていうのは、かえって気味悪い。大切なのは意見の一致をみることではなく、お互いの意見をホンネでぶつけ合うということではないでしょうか。

子供は日々成長しています。肉体的にも精神的にも親を越えて当たり前です。それをただ父親ということだけで頭をおさえこもうとする。これがよくない。親にしろ子供にしろ一人の人間としての人格をもっているわけです。人を大切にするというのは、この人格を認めるということです。どのようなことがあっても、親子は終生親子なんですから。

〔第三話〕子育ては社会全体でしょう

電車などに乗っていてよく見かける光景に、若者のマナーの悪さがあります。男の子が股を大開きにして座っていたり、長い足を前にドーンと投げ出していたり、混み合っているのに足を組んでいたりします。女の子はといえば、まだ高校生なのに車内で堂々と化粧なんかしている。あれは恥ずかしいという感情がまるでないからできるんだと思うのですが、おそらく周りに座っている私たちを人間と思っていないふしもあります。とんでもないことです。

これは新聞で読んだのですが、電車の中で化粧をする女の子にお茶の水女子大学の研究グループがアンケート調査をしたそうです。その結果わかったことは、車内で化粧を平気でやる女の子の大半はいわゆる核家族で育った子供で、しない子はおじいちゃんやおばあちゃんと同居している子だったそうです。おじいちゃんやおばあちゃんたちと同居して家族の中で育った子というのは、知らず知らずのうちに社会規範のようなもの、道徳的なことを身につけているそうです。

このマナーの悪い若者たちに一言注意する大人がほとんどいないということが問題だと思うのです。いまの子供は栄養もいき届いていますから図体だけは大きい。ですから、女性が注意するにはなかなか勇気がいると思いますが、男の大人も怖がってかめんどうなのかわかりませんが、見て見ぬふりを決めこんでいる。本当に男も弱くなりました。

私はそういう場面に出くわしたら必ず注意をするようにしていますが、いまの子供は見てくれのわりには意外と素直に注意を聞きます。中には「うるせえー！　ジジイ！」なんてのもいますが、こっちだってだてに年をとっていませんから「ジジイで悪かったな。あんたがいっぱしの顔して生きていられるのはこのジジイが一生懸命に苦労してきたおかげだぞ。もっとジジイを大切にしろよ」などと言うと、照れ笑いをして姿勢を正します。

これが社会の教育力だと思うのです。これは昔はあったのですが、いつの間にか自分さえよければ、自分の家族さえよければあとは関係ない、になってしまった。地域社会の中に口うるさい御意見番がいなくなってしまったのです。それと機を同じくして「子供の荒れ」といわれるものが始まったように思うのですがどうでしょうか。いまの子供たちは多少の悪さをしても大人は絶対に注意などしないと確信してしまっている。これを何とかする必要があります。それには大人一人一人がもう一度、地域の共同体のようなものをつくり直す必要があると私は思っています。恵子ちゃんを中心にやっている「風の祭典」は、ある意味においては地域コミュニティーの復活を目指していると思います。子供というものはできるだけ多くの人たちによって育てられるべきものなのです。

埼玉県の秩父地方に言い伝えられる話の中に「三歳までは神の子、一五歳までは村の子、一五すぎたら村人」というのがありますが、子供というものは神様から一時預かっているもので、村全体で育てなければならない。決して親個人の所有物ではない……ということなのでしょうけど、その通りだと思います。いまの私たちの周りにある風潮は「子供の私物化」です。

よくマスコミや親御さんたちは、子供が荒れている原因は「学校教育がなっていないからだ。いまの子供はあいさつもろくにできない」などと言っていますが、笑っちゃいます。学校はあいさつを教える所ですか？　あいさつを教えるのは親じゃないんですか。学校教育がなっていないのは先生だけのせいですか？　確かに問題のある先生も中にはいますけど、大半の先生は一生懸命に子供に向き合っています。なっていないのは学校の教育でも先生でもない（おかしいところもあっても）大人全員です。誰が悪いではなく大人全員が共犯です。

夜の繁華街を午後一〇時頃に制服姿にカバンを持った女子高生が徒党を組み、胸をはって歩いているなんてどこかおかしい。その女子高生に中年の男性が近寄っていって何か話している。早く家に帰るように叱っているのかと思いきや、なんとナンパしてたりする。もう何をか言わんやの世界です。子供たちはこの親父さんたちだけが「ただの助平のバカ親父」とは受けとりません。大人はみなこういうものだと思ってしまう。

援助交際というのが流行のようになっていて、いまは主に女子高生（以前は女子大生）がやっていますが、彼女たちはこれを「ウリ」と言っています。ホテルを利用したりするとつかまりやすいので（目的がみえみえだから）、いまはカラオケＢＯＸでウリをやるそうです。この「ウリ」を「買う」のが中年男性。相手の女の子と同じくらいの年かっこうの娘をもっているのにです。援助交際が発覚してつかまった場合、女の子は少年院に入ることもありますが、買った側の大人は罰金刑です。これはおかしい。私はこういう親父たちは「中年院」をつくって入れるといいと思います。そして、顔写真から住所・氏名・会社名まで公表するような掲示板をつくればかなり防止の効果はあがると思うのです。これくらい徹底してやらなければ効果はありません。

ですから、子供は地域を含めた社会全体で育てたいものです。地域の中には子供が非行に走ってしまったというような経験をもっている方もいるわけですから、その人たちの経験談を聞くだけでも参考になると思います。

〔第四話〕ルールは絶対に守らせること

世の中には「タテマエ」と「ホンネ」という二つの顔みたいなものがあります。よく外国の人が「日本人はイエスなのか、ノーなのかよくわからない言葉を使う」と言いますが、その典型的なものに政治家が使う「前向きに善処します」があります。これはご存知のようにホンネでは

「ノー」なのに、「ノー」と一刀両断で切り捨てるのは相手にとってかわいそうだということで、やんわりと「考えてみましょう」となる。これは日本独得のやさしさとかいたわりの気持ちが含まれていると思うのですが、そういう文化を知らない外国の人にとっては「?・?・?・」となる。

「タテマエ」でもう一つ言えることは、絶対に実現ができない理想みたいなものにもこれがよく使われています。本当はそうあってほしい……でも無理だろうなと知りつつも使う。これなどは学校によく見られる「教育目標」とか「校則」などがいい例だと思います。私は学校の校則を見たことありますが、あんなのタテマエがズラーッと書かれているだけだと思う。それでも昔の先生は理屈ぬきに「校則がある以上、それを守れ」とガツンとやっていました。いまの先生はそれもない。破ったからといって厳しく罰せられることもないから、校則が何のためにあるのか全くわからなくなっているのです。ただのタテマエになってしまっているのです。

ルールっていうのは「約束事、決まり」のことです。いろいろな考え方をもった人間が学校とか社会という集団をつくって生きていく上で、ルールがなければどうなるかはだいたい想像がつくと思います。おそらく動物園のサル以下です。まあ、動物園のサルなんかはきちんとしたルールをもっていますからサルに叱られるかもしれませんが。

ルールには家族での約束事をはじめ、子供たちの遊びのルール、学校での校則、会社での就業規則、はては国の法律と、この社会はルールで出来上がっていると言っても過言ではないのです。確かにこれらのルールの中には「あれっ?・」と首を傾げたくなるものもたくさんありますが、ルールとしてある以上は守らなければならないんです。要するに守るか守らないかしかないわけです。守らなければペナルティーを受けるしかない。そこでどうしてもおかしいルールであればみんなが納得のいくものにかえればいいのです。

近ごろの風潮として、規則で子供を縛ることがあたかも悪いことのように言われたりしますけど、私はそうは思わない。問題は規則というものが悪いのではなくて、その規則の中身が問題なんです。いまの校則が子供たちにとって納得のいく妥当なものなのかどうかということです。いくら「大人が考える理想的な規則」をつくっても、子供が初めから守れないような規則は何の意味もない、ただ反発の対象になるだけだと思います。

これは校則だけのことではなくて、家族でつくるルールなども同じです。特に家族でつくるルールは大切だと思います。社会をつくるいちばん小さい単位が家族です。この家族のルールを守れない子供は学校のルールを守れるはずがない。では、どのようにして子供にルールを守らせるかですが、それは「子供が納得できるもの」をつくるということではないでしょうか。

このことを「門限時間」というルールを例にとって考えてみたいと思います。夜遊びを繰り返す子供に、いくら「うちの門限は午後七時だ」と叱ってみたところで何の効果もありません。かえって「うるせえー」と反発されるだけ。さらに「高校生が夜中の九時、一〇時までフラフラしていて世間体が悪い」などと言ってしまったら、もうアウト。

ここで親御さんがやることは子供と話し合うことです。そして両者で門限を決めればいい。いつも夜の九時ごろ帰ってくる子供であれば八時半にするとか。親というものはどうしても理想的なものをつくりがちですが、そんなタテマエをいくら言ってみたところで守れないものをいくらつくってもダメです。大切なことは子供が「どうにか守れそうなもの」をつくるということだと思うのです。

これはその子供の状態によって違ってくると思うのですが、よその家はよその家です。あまり世間体を気にせずに決めることです。こうしてお互いが話し合って決めたルールですから破ったときはビシッとやる。これならば子供も納得します。夜遊びが常習化してしまった子供を元に戻すには、大変な時間がかかるものです。私たち大人でもそうです。会社の帰りに同僚とちょっと一杯なんてことが常習化してくると「仕事のつき合いだから」と弁解する。子供も同じです。「友達とのつき合いがある」と。だから結果を焦ってはダメ。心を大きくもって「ダメでもともと」と思えばいい。これくらい心に余裕があれば、子供も自然と元に戻ってくるものです。親に余裕ができれば子供にも余裕が出てきて、自分をかえりみて反省もできるのです。

〔第五話〕「親都合」ではなく「子供都合」の子育てを

いま「児童虐待」が問題になっています。新聞を朝広げて「児童虐待」の記事が載っていない日はないくらいです。二〇〇〇年度中に全国の児童相談所に寄せられた児童虐待の相談が一万七〇〇〇件を突破したそうです。これは九九年度の一・五倍にあたるといいますから、どんどんと増え続けていることは確かです。みなさんもすでにご存知の通り、二〇〇〇年の一一月にそれまでの「児童福祉法」が改正されて、新たに「児童虐待防止法」が施行されました。この新法はそれまでのものよりもかなり厳しい内容になっていますが、新法施行後もいたましい事件は減るどころか、さらに増え続けています。

子供を虐待する親を絶対に許すことはできません。親御さんにもそれなりの事情があることはわかりますが、その犠牲として子供を虐待し、場合によっては死に至らしめるなどということは人間のすることではありません。「子育て」に悩むこともあるでしょうし、言うことを聞かないことに腹を立てることもあるでしょう。しかし、それらは親として必ず通過しなければならないことなのです。

私は新法施行後、報道された虐待事件を半年間メモしてきました。どのような虐待が日本全国で起きているのかを知っていただくために紹介したいと思います。

12月3日　広島県呉市の山中に長女（4）の遺体を捨てた疑いで母（26）と同居男性（28）を逮捕。長男（6）と見られる遺体も広島市の山中で発見。「子供を殴ったりけったりしたら死んだ」と供述。

1月2日　宮崎県日向市で内妻の子（6）の頭を壁にたたきつけた疑いで父（45）を逮捕。

16日　岡山県日生町で男児（3）が母親（27）から虐待され死亡。
18日　山口県宇部市で長男（9カ月）が母（27）から踏みつけられ死亡。
23日　福島県原町市で会社員（25）が内妻の娘（2）に暴行しけがをさせる。
25日　埼玉県三芳町で男児（3）が父（29）にけられ死亡。
26日　愛知県武豊町で「ハムスターにいたずらした」と長女（3）と長男（2）を熱湯につけて大やけどをさせた疑いで父（35）を逮捕。
2月7日　広島市安佐北区で女児（2）に食事を与えず衰弱させた疑いで両親を逮捕。
7日　神戸市垂水区で長男（3）を殴り骨折させた疑いで父（30）を逮捕。
11日　福井市で泣いてぐずった男児（3）が母の内縁の夫（24）に殴られ死亡。
17日　京都市南区で女児（4カ月）に暴行してけがをさせた疑いで父（50）を逮捕。
19日　鳥取市で男児二人を殴りけがをさせた疑いで女性（37）らを送検。
21日　埼玉県川口市で内妻の長男（11）を殴りけがをさせた疑いで男（37）を送検。
25日　兵庫県姫路市で男児（1）が母（17）に頭を床に打ちつけられ死亡。
3月5日　千葉市美浜区で内妻の長男（6）を暴行して死なせた疑いで男（28）を逮捕。
8日　神奈川県相模原市で長女（3）が飼い犬のエサを食べたことに腹を立て暴行して死なせた疑いで父（32）を逮捕。
17日　兵庫県西宮市で男児（2）が母（28）から殴られ死亡。

4月2日　山梨県中巨摩郡の女児（3）が義父（39）にドライヤーの熱風を浴びせられやけど。
3日　埼玉県杉戸町で男児（2）が母（33）に殴られ死亡。
7日　千葉県袖ケ浦市て男児（3）に暴行し食事や治療をさせずに死亡させた疑いで祖父母や継母らを逮捕。
20日　群馬県大胡町で男児（7）の両脚をひもで縛り逆さづりした疑いで母親（26）と交際していた男性（42）を逮捕。
5月7日　埼玉県狭山市で九七年五月に生後三カ月の長男にミルクを与えず放置して死亡させた容疑で夫婦を逮捕。今年一月にも生後四カ月の三男の顔に熱湯をかけた疑いで母親が逮捕されたが処分保留で釈放されていた。
7日　東京都日野市の警視庁寮で警官の妻（37）が友人の二女（4カ月）を床に投げ落とし死亡させた疑いで逮捕される。
7日　埼玉県所沢市の作業員（25）が内縁の妻（30）の長男（3）を虐待死させ、群馬県の雑木林に遺体を捨てた疑いで、二人を逮捕。

これらの事件で特徴的なことは「自己愛」です。自分が遊びたいから、自分が幸せになりたいからという自己中心的な生き方がそこにあります。「他を認める、いたわる、気づかう」というものがそこにはありません。おそらくこの事件を引き起こしてしまった親御さんたちは、親から「認められる」という体験をあまりしてこなかったのでしょう。他から認められた経験の少ない子供は、自分をも認められなくなります。そして自己否定的となり自己破壊的になっていきます。いま問題行動に走る子供たちにも、この傾向があります。

ここに紹介した事件は表面化したものだけですが、表にあらわれていない虐待はこの何十倍もあることでしょう。これらのすべてが「親都合」によって引き起こされたものです。子供というものはもともとやっかいな存在です。甘ったれで、わがままで、気ままで、うるさいものです。でも、これが子供の「仕事」なんです。これらのことを経験しながら育ち、自立していくものなのです。この過程を経ない子供なんていません。

児童虐待のほとんどが「親の言うことを聞かない」ということが原因となっていますが、子供はイヌやネコなどのペットではないのです。たたいたり(それも度を越した……)、食事を与えなかったり、さらにエスカレートして熱湯をあびせたりして育てるものではありません。これはイヌやネコなどのペットにならしてもかまわないということではありません。なにせ、すべてが「親都合」なのです。私たちはもっと子育てにおいて「子供都合」ということを考えてもいいのではないでしょうか。私たち自身が子供であった頃のことを親になると非常に都合よく忘れてしまいます。もっともっと自分が子供だった頃のことを思い出してみてください。

昔の人は言っています。「親ほど損な商売はない」と。うまくいって当たり前、失敗するともう大変……なものなのです。もっと「子供都合」の子育てをやりたいものですね。

〔第六話〕「体罰」って何だろうか……

いま学校では、体罰は絶対にダメです。これはいいことだと思います。体罰のない教育をやってもらいたい……とも願っています。しかし、現実的には体罰は起きている。では、なぜ体罰が起きるのかと考えると、あまりにも子供たちが先生をバカにするからではないでしょうか……。バカにするとは無視するということで、子供たちの言葉で言えば「シカト」するわけです。先生だって人間ですからついつい手を出してしまう。すると新聞だとかテレビがワーッと「〇〇中学で教師が体罰！」などと大騒ぎをする。

体罰にも程度があって、骨折させたとかケガさせたなどというのは問題がありますが、子供をたたいたくらいで大騒ぎするのはちょっとおかしいと私は思うのです。私は体罰賛成派ではありませんが、こんなのは体罰とは言わない。「教育的指導」（柔道みたいですけど）だと思います。私たちの小学校・中学校の頃の先生はビシビシやっていました。それでも問題になったことなどありませんでした。

逆に体罰をする先生は「生徒の教育に真剣に取り組むいい先生」などと言われていましたし、親もそういう教育を認めていた。いつからこんな「体罰は絶対ダメ」などということになったのでしょう。おそらく「人権」ということが言われ始めてでしょう。「体罰は人権を無視したものだ」

とよく言われます。では「人権って何？」ということでめったに開いたことのない辞書（広辞苑）で調べてみたらこう書いてありました。「人権＝自然権→人間が生まれながらに持っている権利。国家以前に存し、国家が与えたものでないから国家がこれを侵害し得ないとされる」と。

この「人間が生まれながらに持っている権利」って何？ と、またわからなくなるわけですが、この「権利」だけを主張しているのが、いまの子供たちであり、親御さんではないかとも思うのです。学校で悪さをして停学処分を受けたりすると「教育を受ける権利がある」と裁判所に訴える親がいる。その根拠は「憲法で保障されている〝教育を受ける権〟を個別の学校で勝手に決めた校則が優先するのはおかしい」ということです。もうこうなれば難クセとしか思えません。

「権利」を主張するには「義務」を果たしてからのことだと思うのです。義務教育という国民として教育を受ける義務をまともに子供にさせないで、授業は妨害するわ、先生にさからうわではたして義務を果たしているのか……と言いたいのです。あげくのはては「うちの子供は体罰を受けた。これは人権侵害だ」などと言うのは笑っちゃいます。しかし、これがいまの大半の親御さんの考えらしい。これでは、子供のやりたい放題です。「授業を妨害する権利」「授業を放棄する権利」……なんでも権利、権利。これではまずいと思う。

私たちはもっと子供たちに「義務」ということを教えていく必要がありそうです。義務をきちんと果たしてからの権利主張はバンバンやっていいと思います。選挙もろくに行かない人間が「この国の政治はおかしい」なんて口にする資格はないと思う。体罰も同じ。義務を果たさない人間

◀楽屋でくつろぐ恵子

が体罰云々という資格はないのです。子供たちが学校で教育を受けるという義務を果したなら、体罰なんて起こるわけがないのです。もしそれでも体罰をくれるような先生がいたなら、そのときこそ「人権侵害」でも「暴力行為」でもいいから訴えて大騒ぎをすればいい。

もう一つ思っていることは、いまの先生に「権威」というものがなくなったように思うのです。ここでみなさんに誤解してほしくないのは、「権威」という言葉。ここで言う「権威」とは、何か偉そうにしている先生のことではなく、教える者と教えられる者との関係ということです。そこには上下の関係があると思うのです。いまは親も子も、先生も生徒もみな対等という考え方があって、「権威だとか上下関係なんてとんでもない」という風潮にありますけれども、対等ということの意味をとり違えているのではないかなと思うことがあります。

もちろん、人間個々の関係としては対等だし平等であるべきですけれど、学校という集団生活の場、特にものを教える人と教えられる人との間には「先生」と「生徒」という関係がある。教える人は教えられる人から尊敬されてしかるべきだし、教える人は教えられる人を保護しなければならないと思う。これが「権威」だと私は思っているのですけど、みなさんはどうお考えでしょうか。

みなさんに一つお願いがあります。子供のいるところで先生の悪口や批判は絶対にしないでほしい。よく夕食をとりながら「あの先生は経験も浅いしダメね」とか「あの女の先生、独身なんだってね。あれじゃいい相手も……」などという会話をしがちですが、これはそのまま子供の先生への評価になってしまいます。その先生が子供に何か注意しても「フンッ、おまえなんかダメなくせに……」となる。

一生懸命にやっている先生は、時として生徒さんをたたくこともあります。これはその生徒と真剣に向き合っているからできることです。どうでもいいと思っていたら生徒が授業料さえ払ってくれればいいわけで、あえて憎まれるようなことはしないと思うのです。みなさんはあたりさわりなく生徒と向き合う先生と、多少の教育的指導があっても真剣に向き合ってくれる先生のどちらを選びますか？　子供が荒れる時代です。いまこそ私たち一人一人が地域から学校を支えていくときではないでしょうか。まずは先生方に自信をつけてもらわなくてはならないと思います。先生を信じて子供を預けましょう。

〔第七話〕「荒れる親」が「荒れる子供」をつくる

〔第五話〕の児童虐待でもお話ししましたが、いま「子育てがしんどい」「子供がかわいいと思えない」という母親が約八割くらいいると新聞に出ていました。前者の「子育てがしんどい」は一〇割いてもおかしくはないと思うのですが、「子供がかわいいとは思えない」が八割もいるとは、ちょっと首を傾げる数字です。そして、その中の何割かは実際に虐待という行為に走り、我が子を死に至らしめている。昔ですと食べる物がなくて子供が栄養失調になり死んでしまったというようなこともありましたが、我が子を虐待によって死なせたなどという記事は見たことがありません。

また、虐待をしてしまった親御さんが警察で話されることは「私の言うことを聞かないので……」「手がかかりすぎて私の時間がもてない……」など身勝手な理由によるものが多いようです。それならば、この親御さんたちに障害をもった子供が生まれたなら、ナチスのようにみな抹殺してしまうのでしょうか。なんと恐ろしい考え方でしょう。自分勝手で利己的すぎます。

これらの親御さん、特に母親の方々のおかれていた状況というものを考えるとき、ある種の同情は感じます。旦那さんとの関係がうまくいっていなかったり、地域社会から孤立してしまっていたり、経済的に追いつめられていたりと、その背景にはさまざまな要因が複雑にリンクしていることでしょう。が、しかしです。だからといって子供を犠牲者にするのは許されることではありません。幼児なり児童なりの虐待が、たまたま起こってしまったという非常にまれな事件でしたらさほど危惧感はもたないのですが、どうもそうではなく、どこにでも、いつ起こっても不思議ではないという状況があることが恐ろしいのです。

このような状況を一言で語ることはできないでしょうが、要は「親が荒れている」ということではないかと思います。言い換えれば「社会が荒れている」ということなのでしょう。「子供たちが荒れている」とよく言われますが、その原因は「荒れる親」にあると私は思っています。なんといっても「自己愛」が強すぎます。自分のことさえよければ他人のことはどうでもいいという考え方です。

人間の関係とは、まず相手を認めるところから始まるのではないでしょうか。相手を認めることによって自分も認められるのです。ところが、この相手を認めるということを教えられないままに育ってきた子供は、同時に他から愛される（認められる）という経験をほとんどしないまま大人になっていきます。そして、自己中心的なものの考え方ばかりして、自分だけを大切にするのです。これが「自己愛」です。

自己愛の行き着く先は排他性、いわゆる、自分以外の考え方を一切拒否するようになり、自己破壊へと進んでしまう。これは徹底した日本的な個人主義です。アメリカやヨーロッパの個人主義というのはちょっと違います。あちらの個人主義というのは、自分さえよければいいというものではなくて、常に神様がその考え方の中心にいて、それが善か悪かを判断する基準になっているということです。ですから、個人主義の中心には宗教があるわけです。

ところが、我が国で言われている個人主義は利己的であり、他をかえりみることのないものです。「自分の住む町にゴミ処理場はつくらせない。特養老人ホームはつくらせない。障害者施設はつくらせない……もしつくるのであればよその町につくれ」という考え方です。これは本当の意味での個人主義ではなく、ただの自己愛的利己主義ですよ。

いま成人前の子供をもっている親御さんたちは、高度経済発展の頃に子供時代を過ごしてきた方々だと思うのです。すべての価値がお金で決まってしまう金銭至上主義です。人よりお金をたくさん手に入れるにはいい大学を出て、いい会社に入ることがベストでした。いわゆる、学歴優先社会です。この学歴優先社会を生き抜くには受験戦争という厳しい道を進まなければならない。人を蹴落とし、一点でも人よりいい点をとらなければならないわけです。友達がテスト間近に病気になると同情するどころか「万歳!」をやってしまう。歪んだ競争社会になってしまったのです。

このような中で育てられてきた子供さんがいま子供をもつようになった。自分が子供の頃にいやでいやでしかたがなかったようなことを、親になったら平気で子供にやっているのです。それも自分の親がやった以上のことをです。利己的で自己愛の強い親御さんは悩みます。「どうしてこの子は私の言うことを素直に聞かないのか」と。それも二、三歳の幼児を相手にです。このような親御さんは排他的ですから周りの人に相談することもあまりしません。どんどん自分を追いつめていき、しまいには自己破壊へと行ってしまいます。

これはいま起きている青少年による凶悪事件と全く同じ背景だと私は思います。どちらも小さいときから他から認められた経験が少ないために起きるものだと思います。いまの子供たちは極端に人間関係をつくるのが下手だと言われますが、それはファミコンという孤独な遊びだけのせいではありません。いちばんの原因は、親からも認められたことがないのでは……と思えるくらい「認められる」経験が乏しいということです。他から認められたことのない人間は、自分をも認めません。もっともっと他を認め、異質を認められるような広い心を子供に育ててあげたいものです。

〔第八話〕いまある子供の姿をまず認めよう

子供というものは、私たちが考えているより敏感な触覚をもっていると思います。これは弱い者が強者の中で生きていくための知恵みたいなもので、生きのびるために常に情報を集めている。そして、子供なりにそのつき合い方も変えています。そうしなければ生きていけないことを無意識のうちに体得しているからです。ですから、親や先生の言うことを「これはタテマエだ」「これはホンネだ」と、ちゃんと見抜いている。そして「またきれいごとを言っている。いいかげんにしろよ！」となるのです。

子供たちは大人のタテマエ論にうんざりしているのです。悪さをしている子供に「そんな悪いことばかりしていてどうする。将来のことを考えてみろ」などと、いくら先生や親が言ってみたところで、「うるせぇーんだよ。おまえに関係ねぇんだよ」と反発されるばかりです。それは自分のしている「悪さ」を否定されているというより、自分自身全部を否定されていると子供は思っているからです。いまの子供たちは小さいときから自分の考えを否定され続けているように思えるのです。すべて親なり先生たちの考え方をおしつけられてきている。そのおしつけを聞かない子供は「悪い子」とされてしまう。だからみんな「いい子」のふりをする。そして、「いい子」のふりをすることに疲れて、自分の心の居場所を探して非行という世界に入っていくのです。

もしみなさん方の中で、子供が非行の世界に足を踏み入れそうになっているとか、もうすでに立派な不良になっているという方がいたなら、次のことをやってほしいと思います。これはあくまでも私の考えですから、これをやったら絶対に子供が立ち直るという保障はどこにもありませんけど、「ダメでもともと」なんですから、やってみて損はないと思います。

まず、いまある子供の姿を認めること。たとえ子供が不良であっても、暴走族であってもです。非行をやめさせるには、「まず非行を認めること」が大切です。これは親御さんにしてみればかなりの勇気が必要でしょうけど、それまでもっていた親御さんの考え方（価値観）をガラッと変えてみることです。親御さんが変われば子供は変わります。

問題行動をやっている子供たちに「なぜきみたちはそういうことをやるのか」を聞きました。茶髪にしろピアスにしろ、ツッパリにしろ暴走族にしろ、みんな「目立ちたいから」と言っています。「目立ちたい」ということは、周りから認められたいからということではないでしょうか。勉強のできる生徒は勉強で目立てる。スポーツの得意な生徒はスポーツで目立てる。いまの学校というのはこの二つしか子供が目立つ道がないのです。極端な言い方をすれば「東大か甲子園」という道にしか目立つチャンスがないわけです。これからはみ出した子供というのは自分で目立つ場を探さなければならない。それがたまたま非行という世界であるという子供が多い。要するにいまの子供はあまりにも自分が認められる場が少ないということです。

ここで親御さんが考え方を変えてみる。例えば、茶髪やピアスをしてチョロチョロしている子供ならば、「バカヤローッ、何だその頭は。男のクセして耳にピアスなんかしやがって！」ではなく、「おい、おまえの茶髪だけど、何か中途半端じゃないか。どうせやるんならもっと金髪に近くしたほうが目立つと思うけど。それにピアスだけどもっと大きいほうがかっこよく見えるとお父さんは思うけど、どうだろう……」とやってみてはどうでしょうか。

暴走族に入っていて、もう手のつけられないような子供であれば「おい、今度お父さんをおまえたちの集会に連れて行ってくれよ。お父さんはおまえたちの仲間と話をしてみたいんだ。それにその特攻服っていうのはどこで買うんだ。お父さんも一着欲しいな。背中に〝奥野一家〟なんて書いてもらってみんなでメシでも食いにいったら目立ってかっこいいんじゃないかな。親子で暴走族の集会に出ている奴なんていないだろ。絶対にウケると思う……」と。

子供にしてみれば「オヤジ、頭おかしくなったんじゃないか？」と思うでしょうし、なかなか楽しい親子の会話ができると思うのですがどうでしょうか。ここで大切なことは「口ばかり」ではなく、「オヤジ、それなら一緒に行くかよ！」と子供に言われたとき、本当に行く覚悟をしておくことです。子供は親は本気だということを知ったとき、すでに半分以上は立ち直っていると私は思います。

非行をやめさせるには、まず非行を認めるということ。これは、「親都合」から「子供都合」の考え方に切り換えるということです。非行をやめさせるのには「非行を認める」こと、というと一見すると矛盾した考え方と思われるかもしれませんが、この矛盾した考え方が「子供都合」をまず認めるということなのだと私は思っています。すでに非行に走ってしまっている子供を急に止めることなど不可能ですし、力や法律で一時的には止めることはできても、本当の立ち直りは期待できないと思うのです。かえってそのことによる反動が大きい場合があります。

非行という道に入ってしまってその道を子供が走り出してしまったなら、そのスピードを少しずつ落とし、進行方向を少しずつゆっくりと変えて元の道に戻すことがいちばんの近道です。「急がば回れ」です。これは親御さんにとって大変に難しい作業になると思うのですが、先ほども話した「ダメでもともと」くらいの余裕ある気持ちになり対応することです。親がいまの自分を認めてくれて、さらに余裕をもって自分を見守っていてくれることを子供は敏感に知るものです。そうすると子供にも余裕が出てきて「こんなことをやっていていいのかな……」と、素直なホンネの気持ちになれますし、ものごとを冷静に考えることもできるようになると思うのです。

もう一つ夜遊びが常習化している子供についての話をしてみたいと思います。私の仕事仲間の友人が相談してきました。どんなに叱っても息子の夜遊びがとまらない……と。そこで私は「いまある子供の姿をまず認めること」という私の考えを話し、奥さんとよく相談してどうするか決めたらいい……とアドバイスのようなものをしました。

友人の息子は高校二年生で夜遊びの常習犯。まだ本格的な不良にはなっていないが、このまま放っておけばまちがいなく不良になるという状態にありました。それでもどんなに遅くなっても家にだけは帰ってくるそうです。息子が夜遊びを始めた頃は夫婦して「バカヤロー！　こんな時間に高校生がうちに帰ってくるなんて何を考えているんだ！」と厳しく叱っていましたが、叱ればば叱るほど息子の帰宅時間は遅くなるばかり。こんなときに非行問題を取材している私に相談したらしいのです。

友人は私の考え方を奥さんに話しましたが、奥さんは「それでもっと悪くなったらどうするの……」と心配顔だったそうですが、「ダメでもともと」という言葉に納得して開き直ったといいます。それからの奥さんのとった行動がすごい。これは女性でなければ考えつかない方法だと思いました。なんと「おにぎり作戦」をやったのです。息子に対して叱ることをやめて「いまある息子の姿を認める」だけでは、親がもうあきらめたと思われる可能性があるので、「おまえのことはあきらめていない」ということを無言で伝えることにしたそうです。

息子が夜の十一時頃に帰ってくるとき、いままでは消していた玄関の電気をつけたままにしておき、居間のテーブルの上におにぎりを二つほどおいて置いたそうです。これは遊びのあとにはお腹がすくという自分の若い頃の経験からの思いつきです。息子はそのおにぎりを食べてから寝ていたようです。しばらくして、次は味噌汁作戦です。息子が帰ってくるまで起きていて、さり気なく「お帰り、どうだった楽しかった？」と声をかけ、おにぎりの横にあたたかい味噌汁を出す。息子は文句を一つも口にしない母親を見てキョトンとした顔をしておにぎりを食べていたそうです。

これが二、三か月続くうちに息子の夜遊びが徐々に少なくなり始め、夜遊びのクセは半年もしないでとまったといいます。逆に母親が「たまには遊んできたらいいのに」と言うほど。後に母親がどうして夜遊びをやめたのかを息子にたずねると、息子は「だって反発しているから夜遊びもおもしろいんで、認められたらバカらしくてやってられないよ。それに、玄関に電気つけられていると、夜中に帰ってくる自分がスポットライトをあびているようで恥ずかしかったし、なんといってもおにぎりにはまいったからね……」と。見事なおにぎり作戦です。

人間というものはみんなこういうところがあります。ダメだと言われるとやりたがる……みたいなところが。思春期などは特にそうです。ですから、禁止する前にまず認めてやるという姿勢が大切だと私は思うのです。お宅でもおにぎり作戦をやってみては……。

〔第九話〕勘違いの「優しさ」は毒になるだけ

いまの世の中、「優しさ」が一つの流行のようになっているように思います。いまの男性は「優しい」とよく言われます。優しさということはとても大切なことだと思います。しかし、「優しさ」ということを少し勘違いしているように思えるのです。人に優しくできるということは、自分が強くなければできないことです。どうもこのことが若い男性にはよくわかっていないように思えるのです。ただひたすら「優しい」。

女の子に彼のどこがいいの？　と聞くと、一〇〇人中一〇〇人が「優しいから……」と答えます。じゃあ、どんなことが優しいのかをたずねると「………」。答えが返ってこないのです。要するに「自分にとって心地よいことばかり言ってくれたり、してくれること」を優しさと思っているのです。ですから、相手を傷つけたりするようなことは一切口にしません。傷つけたり傷ついたりということを極端にこわがっている。私たちからすれば意見の違いなんてことは日常茶飯事ですけど、いまの若い人たちは意見の違いは相手を傷つけると思っているのです。

これでは人間としての成長は期待できませんし、何の進歩もありません。もっともっと自分の考えを相手にぶつけるべきです。ある若い女の子が私にこう言いました。「本当の自分の気持ちや考えを言ったら、彼がいなくなってしまう。だから言いたくてもがまんしているんです」と。その結果、うわべだけの楽しいこときれいごとばかり見せ合ったり、話し合ったりしている。はたしてこれが真の恋愛、人間関係でしょうか。

こんな関係では、お互いにストレスがたまるだけではないでしょうか。相手のことを大切だと思うのでしたら、より相手のことを知ろうとしますし、自分のこともより深く知ってもらおうとするのではないかな……と。その結果として別れがあったとしても、それはマイナスではなくプラスになると思う。特に恋愛というものは人間の全人格、「喜怒哀楽」というものをぶつけ合うものであるはずですし、それに費やすエネルギーは大変なものです。だから恋愛というものは「疲れる」ものなのです。

「愛する」とは相手の全人格を容認するということです。このことができて、初めてその関係の中で相手をいとおしく思い「優しさ」というものが出てくる。ですから、「喜」と「楽」だけがあって、「怒」と「哀」がないのは本当の感情表現ではないと思うのです。これは家族の関係においても障害児（者）との関係においても同じだと思います。子供を愛する、いとおしく思えるのはこの「喜怒哀楽」を共有するからではないでしょうか。いまの幼児虐待は「怒・哀」のみしかないように思えます。

先ほど「他人に優しくできるということは、自分が本当に強くなければできないこと」と言いましたが、自分というものをきちんと認識し、足を地につけていなければ他をおもいやるなどということはできないと思うからです。「優しさ」とはある意味においては「厳しさ」なのかもしれません。このことは家族や障害児（者）に対するだけでなく、人間関係すべてに共通する姿勢だと思います。表面的な優しさからは何もいいものは生まれませんし、かえってそれは毒になることすらあると思います。私たちはもっともっと自分にも相手にも厳しくあるべきだと思います。

〔第一〇話〕もっともっと子供たちに失敗を経験させよう

子供の性格がつくられるのは、三～五歳くらいと言われています。この時期に子供にどれだけ「失敗」を経験させられるかで、その後の子供の成長が違うようです。この失敗という中には「危険を体験」するということも含まれています。これは親としてなかなか大変なことではありませんが、子供にとっては必要なことなのです。

いまの子供たちを見ていると、失敗ということを極端にいやがります。一回の失敗でその後の人生が終わってしまうがごとくに落ちこみます。これは親御さんや周りの人たちがそう思わせてしまっているからです。失敗を極端にいやがる子供たちが完全主義者かといえばそうでもないのです。要するに失敗をあまり経験していないから未知の世界がこわいのです。ですから、挑戦する前から頭で考えてあきらめてしまう。失敗＝挫折だと思い込んでいるようです。

みなさんに言いたいことは、できるだけ早い時期に子供に失敗を経験させてくださいということです。親はアドバイスはしても干渉はしてはいけません。子供の挑戦する姿を見守ることです。そして子供がうまくやりとげたらほめてあげ、失敗したなら「どうしてうまくいかなかったのかな？」と問いかけ、子供自身にその原因を考えさせる。失敗の原因を子供に気づかせるということが大切なのです。

例えば、こんな経験をされた親御さんはいませんか。子供と近くの公園に遊びに行きます。その公園には池がある。子供にしてみれば興味津々といったところです。子供は池の近くに行って遊ぼうとしますが、それを見ていたお母さんは「由美ちゃん、そこは危ないからダメ」と注意してしまう。子供にしてみれば何が危ないのか全くわからないわけです。ただお母さんが「ダメ！」と言うのでやめるだけ。その池が深くて落ちたなら命を落とすような可能性があるのでしたらそれもわかりますが、そうではなく、落ちても服をぬらす程度の池でも禁止をする。

これは「親都合」の禁止なのです。服を汚されるとめんどうくさいからです。このめんどうくさいがすべての子供の挑戦を禁止してしまう。すべてが万事この調子です。子供が池のそばまでいって、仮にすべって池に落ちたとします。子供はこのことからいろいろのことを自分の身体で覚えます。池の周りというものはすべりやすいから気をつけなくてはならない。服を汚してしまってお母さんが洗うのに苦労をかける。お母さんが「気をつけなさい」と言ったのはこのことなんだ……と。そして、次からは充分に気をつけようとなるのです。

このような体験が多ければ多いほど、その子供は人間として成長していきます。ナイフにしてもそうです。「ナイフは危ないからダメ」が先にあるのではなく、ナイフは危ないものだというこ とを体験の中から教えなければならないと思います。しかし、ナイフで手を切ったりすると包帯だ消毒だと親がめんどうな思いをしなければならないので、「ダメ」となる。これはある種の「管理」です。管理がすべて悪いと言っているのではありません。親が子供を管理することは当然だと思っています。しかし、度のすぎた管理は子供の成長を歪めると思っています。

最近の子供たちが引き起こす事件で、平気でナイフで人を刺したりできるのは、自分でナイフでけがをして痛い思いをしたという経験がないからできるのです。ナイフは使い方によっては危険なものだということを知らないから、かっこいいなどとファッション感覚で持って歩けるのです。ですから「転ばぬ先の杖」にあまりならないでほしいのです。いつも杖があるから転ばずにすんだ子供は、杖がなくなるとたちまち転んでしまいます。これがいまの子供たちの「荒れ」の姿ではないでしょうか。あまりにも失敗の経験がなさすぎます。

いま学校の校庭からジャングルジムが消えたり、大きな樹木が切り去られたりしていますが、これも「転ばぬ先の杖」です。子供がそれでけがをしたときの責任問題を回避する処置です。このような環境の中で子供たちが正常に育つはずがないと思います。雑誌で読んだのですが、ホンダ自動車の社長さんだった本田宗一郎さんは「失敗は財産である。その会社がのびるかのびないかは、その会社がどれだけ失敗の経験をしているかで決まる。人生三%も成功すれば恩の字だ」と言っていたことを思い出しましたが、失敗をマイナスという考え方でとらえるのではなく、プラスに変えていくということが大切なようです。昔の人は言っています。「失敗は成功の母」と。要は失敗をどう反省して次に生かしていくのかということのようです。みなさん、もっともっと子供たちに失敗を経験させましょう。

◎日本ダウン症協会（JDS）支部一覧（99年5月現在）

支部名　連絡先　〒　住所　TEL

●青森県

弘前ひまわりの会　雪田時子　038-1322　南津軽郡浪岡町細野字沢井23-1　0172-62-2088

八戸小鳩会　木村泰造　031-0001　八戸市類家4-2-3　0178-44-0727

●岩手県

岩手県支部　吉田栄一　020-0131　盛岡市中堤町30-15　019-643-6043

●宮城県

どんぐりの会　島田美代子　989-3122　仙台市青葉区栗生4-16-21　022-392-9357

なないろの会　小林厚子 986-0853　石巻市門脇字浦屋敷46-7　0225-93-2254

●秋田県

コロボックルの会　浅香寿子　010-0021　秋田市楢山登町12-50-103　018-836-1485

秋田ゆりの会　佐藤陽子　015-0011　本荘市石脇字田尻野36-135　0184-24-4346

●福島県

福島ひまわり会　菅野明美　960-0669 伊達郡保原町赤橋60-1　0245-76-3686

●栃木県

栃木支部　大庭智子　321-0206 下都賀郡壬生町あけぼの町3-8　0282-86-0154

●群馬県

群馬県東毛地区支部　赤石武志　376-0011　桐生市相生町3-355-3　0277-53-1177

●埼玉県

かたくりの会　相馬かよ子　369-1234　大里郡寄居町折原633　0485-81-6360

浦和支部　甲斐俊次　336-0012　浦和市岸町2-16-4　048-824-0350

●千葉県

習志野・船橋支部　山中みゆき　274-0064 船橋市松が丘3-15-3　047-467-3513

あさひのつどい　斉藤幸子　289-2516　旭市ロ-1512-3　0479-64-1628

●東京都

つくしんぼ　中川君江　134-0081　江戸川区北葛西2-26-18　03-3689-0105

キャロットクラブ　藤沢ひろ子　143-0024　大田区中央4-10-7　03-3771-8890

ふたばの会　小越美子　157-0071　世田谷区千歳台2-29-3-108　03-3483-4236

烏山支部　寺西丕　157-0062　世田谷区南烏山2-8-1-505　03-3326-3957

ちゅうりっぷの会　倉本美砂子　178-0064　練馬区南大泉1-14-11　03-3921-2286

武蔵野ひまわりの会　本間玲子　180-0014　武蔵野市関前2-24-12　0422-53-3649

杉並支部　山本裕子　167-0032　杉並区天沼1-40-11-3号室　03-3392-4479

ぽっぽクラブ　荻原稔　205-0003　羽村市緑ヶ丘2-4-47　042-579-1756

●神奈川県

ミニこやぎの会　原京子　251-0032　藤沢市片瀬4-4-1　0466-27-3945

DS虹の子会　江上尚志　247-0074　鎌倉市城廻4-23-130　0467-44-8611

●山梨県

山梨県支部　井出仁　400-0865　甲府市太田町11-4　055-227-3909

●長野県

松本ひまわりの会　中西博　399-0031　松本市芳川小屋650-29　0263-86-4677

●新潟県

新潟支部（アンダンテ）　萬屋美佐子　950-0864　新潟市紫竹3-19-5-207　025-247-6456

●静岡県

静岡県支部　中村勝代　425-0005　焼津市方ノ上206-1　054-629-9693

●愛知県

愛知支部　重松ひとみ　461-0027　名古屋市東区芳野1-17-28　052-937-0249

●京都府

京都支部　佐々木和子　606-8103　京都市左京区高野西開町38-1-304　075-721-4966

●和歌山県

和歌山県支部　田中郁次　640-8404　和歌山市湊4-9-8　0734-55-4589

●岡山県

岡山支部　坂本千賀子　701-0141　岡山市白石東新町13-110　086-256-2787

●広島県
広島支部　岩木美保　730-0825　広島市中区光南2-11-19　082-245-1782
●山口県
山口県支部　山根新　747-0825　防府市大字新田93-1　0835-22-7058
●徳島県
徳島県支部　白石光生　770-0866　徳島市末広3-1-56　0886-54-1780
●香川県
香川支部　橋本美香　761-8004　高松市中山町879-8　087-882-6689
●愛媛県
愛媛支部　中西則子　791-0243　松山市平井町甲3086-7　0899-76-5864
●高知県
高知小鳩会支部　大倉三洋　780-8063　高知市朝倉丙63-8　0888-43-9380
●福岡県
福岡支部　勝野修一　811-1123　福岡市早良区内野5-20-20　092-804-3238
●佐賀県
さんさんCLUB佐賀支部　森岡慶全　845-0014　小城郡小城町晴氣3129　0952-72-6301
●熊本県
熊本支部　赤嶺炫夫　860-0862　熊本市黒髪1-3-10　096-343-6644
●宮崎県
宮崎支部　丸山光子　880-0036　宮崎市花ヶ島町新地橋1145-32　0985-28-7754
●沖縄県
沖縄県支部　田場澄夫　901-1111　島尻郡南風原町字兼城237KKD社宅203　098-888-2371

◎全国のダウン症児親の会一覧（99年5月現在）
〈注：連絡先氏名は必ずしもそのグループの代表とは限りません〉
転居等で不明の場合はJDSへ問合せて下さい

グループ名　連絡先　〒　住所　TEL
●北海道
北海道小鳩会　三好明子　005-0804　札幌市南区川沿4条3-5-30-107　011-573-1051
●茨城県
茨城県ダウン症協会　百渓英一　305-0856　つくば市観音台1-36-14　0298-36-3990
守谷町心身障害児父母の会　高田道子　302-0104　北相馬郡守谷町久保ヶ丘1-12-11　0297-48-9186
つぼみ　鍵久美子　310-0911　水戸市見和1-359-6県営桜ヶ丘3-1-1　029-228-0662
●群馬県
トビアスの会　原沢かおる　379-1313　利根郡月夜野町月夜野3274-2　0278-62-2304
まゆの会　浜村泰明　370-0068　高崎市昭和町3-1-401　0273-28-2420
●埼玉県
麦の会　羽生田千草　330-0036　大宮市植竹1-338-2-401　048-652-6946
浦和市ダウン症児を育てる親の会「コスモス」　宮本とも子　338-0825　浦和市下大久保773-405　048-855-7820
プラス１　菅野千明　332-0006　川口市末広3-11-16　048-222-3236
いもっこの会　間坂米子　350-0061　川越市喜多町2-2　0492-22-2205
たんぽぽの会　黒河利枝　351-0011　朝霞市本町2-9-10-103　048-465-5214
UP（アップ）　川野五月　359-0025　所沢市上安松893-8　0429-96-0331
ひまわりの会　増田喜代子　361-0005　行田市斎条891　0485-57-1232
あんずの会　矢飼律子　350-1327　狭山市笹井213-10-402　0429-54-4007
ぶらんこの会　池田八緒子　335-0022　戸田市上戸田5-23-7-401　048-432-1718
あさがおの会　谷中美津枝　350-0275　坂戸市伊豆の山町11-24-208

0492-89-3112
●千葉県
たんぽぽの会　高州保健センター　261-0004　千葉市美浜区高州3-12-1
043-279-5300
木馬の会　佐々木敬子　277-0054　柏市南増尾8-8-2-1115　0471-75-6920
●東京都
はじめの一歩の会　安田生　158-0083　世田谷区奥沢1-48-14　03-3727-1495
青空の会　荒井伸　166-0003　杉並区高円寺南4-14-7　03-3312-9206
ほほえみの会　本田紀子　173-0026　板橋区中丸町43-12　03-3959-0895
こじかの会　穴沢由紀子198-0024　青梅市新町1-16-13　0428-31-8660
アンゼリカ　稲坂ひとみ　151-0072　渋谷区幡ヶ谷3-39-9　03-3376-8939
町田市ダウン症児を守る会　赤松正美　194-0021　町田市原町田1-17-1
042-724-2656
かみるれ・クラブ　小根沢裕子　184-0015　小金井市貫井北町3-26-4
0423-86-1950
レッツ・トライの会　中島健司　142-0041　品川区戸越6-9-12　03-3788-2567
プーの会　川口まゆみ　165-0035　中野区白鷺1-4-14-1410　03-3223-2423
ぽけっとの会梶智子　162-0844　新宿区市ヶ谷八幡町15　03-3260-2868
●神奈川県
つくしの会　若松千波　238-0045　横須賀市逸見地3-14-37
0468-27-8427
こうまの会　岩本真　232-0061　横浜市南区大岡1-34-2　045-741-0188
ぐるうぷ・ひょっこり　熊谷百合子　215-0027　川崎市麻生区岡上99-3
044-987-3037
いっぽいっぽクラブ　幸田啓子　228-0012　座間市広野台1-5079-1-306
0462-56-8609
ハッピークローバークラブ　河口麻衣子　245-0002
横浜市泉区緑園4-3-1-8-605　045-813-6606
青い鳥の会　佐藤恵子　242-0021　大和市中央6-5-18-A-102
●長野県
諏訪こやぎの会　浜美知　392-0012　諏訪市四賀神戸3206　0266-52-8979

●富山県
乳幼児のダウン症児の親の会「虹の会」末村裕美　939-8142
　富山市月岡西緑町339　076-428-1630
あすなろ会　金森五月　939-1104　高岡市戸出町3-16-30　0766-63-5703
●石川県
アップップ　奥澄子　926-0178　七尾市石崎町香島2-56-5　0767-62-3835
●福井県
福井市DS親の会　山口佳子　910-0101　福井市つくし野2-602　0776-55-1425
●岐阜県
ダウン症児を持つ親の会「ピュア」北川佳美　503-0104
　安八郡墨俣町大字下宿615-24　0584-62-6240
●静岡県
ダウン症児の将来を考える会　河内純　420-0886　静岡市大岩1-6-49
　054-246-7466
　〃　浜松グループ　幸田恵里子　433-8111　浜松市葵西5-19-17
　053-438-0233
●愛知県
グループたんぽぽ　重松ひとみ　461-0027　名古屋市東区芳野1-17-28
　052-937-0249
ダウン症児とその他の染色体異常児親の会「エンジェル」杉本直子
　471-0803　豊田市泉町2-2-13　0565-89-2760
スマイル会　杉浦桂子　444-0241　岡崎市赤渋町田中25-4　0564-51-6497
おひさまくらぶ　佐伯千代美　491-0905　一宮市平和1-1-18　0586-43-3875
●三重県
エンゼルの会　中川政一　514-0834　津市大倉10-29　0592-25-9351
●滋賀県
ひよこ 清水艶子　520-3201　甲賀郡甲西町下田4-4　07487-5-1172
●京都府
トライアングル　高平恵子　602-8385　京都市上京区今小路御前西入上ル
　075-462-5875
●大阪府
ドレミの会　田中和美　559-0001　大阪市住之江区粉浜3-7-7　066-678-5587

クローバーの会　杉本隆史　565-0831　吹田市五月が丘東6-B-1106
066-339-7868

●兵庫県

プリティエンジェル　明石保健所　673-0892　明石市本町2-3-30(保健指導課)　078-917-1122

播磨ダウン症等親の会　古澤征人　670-0808　姫路市白国3-14-1
0792-88-1321

●奈良県

ひまわり教室　桜井保健所　633-0062　奈良県桜井市粟殿　0744-43-3131

●岡山県

あひるの会　藤本宗平　708-0332　苫田郡鏡野町吉原312　0868-54-0808

さくらんぼの会　大熊恭子　712-8011　倉敷市連島町連島892　086-446-7654

岡山小鳩会　荻野靖子　701-0204　岡山市大福545-3　086-282-4187

●長崎県

バンビの会　森祥子　852-8523　長崎市坂本1-12-4
長崎大学医学部原研遺伝学　095-849-7120

長崎小鳩会　青木英夫　861-8024　長崎市花園町1-15　095-861-0704

●大分県

大分県ダウン症連絡協議会ひまわり会　阿部理英　870-1136
大分市光吉台34組H63　0975-67-7930

●鹿児島県

鹿児島小鳩会　田中耕一郎　897-0002　加世田市武田16939　0993-52-7509

恵子が輝いた——ダウン症児とともに生きる芸能一家の記録

著　者——奥野真人 Masato Okuno ©

一九四五年札幌市生まれ。人物往来社、秋田書店（手塚治虫氏担当）などで編集業務を行う。退社後、フリージャーナリストとして、主に小学館の雑誌（『教育技術』『ＳＡＰＩＯ』）などに教育記事を執筆。『体当たり子直し』『元気と勇気とやる気がわき出る本』（ともに小学館刊）『僕たちはいらない人間ですか?』（扶桑社刊）などの本の構成を手がける。

発行日——二〇〇二年五月二六日

発行人——内川千裕

発行所——株式会社　**草風館**

東京都千代田区神田神保町三丁目一〇番地

装丁者——渡辺恭子

印刷所——株式会社シナノ

SOFUKAN

tel 03-3262-1601 fax 03-3262-1602

e-mail:info@sofukan.co.jp

http://www.sofukan.co.jp

ISBN4-88323-125-9